COMENTAR

"Me encanta este libro y me ha dado una nueva perspectiva sobre la pureza. Es increíble hasta qué punto me ha ayudado en mi lucha por vivir una vida pura. Este libro es auténtico."

AHMAD (REAL) GIVENS
Presentador del reality "Real Chance of Love 2"

"Tantas veces los cristianos presentan el sexo y la sexualidad como si fueran algo malo y sugieren que, de alguna manera, Dios está en contra. A menudo utilizan tácticas de temor y una mentalidad de "escóndelo hasta que te cases". La iglesia llegó a denominar al sexo como un mal necesario para la procreación. Esto no puede estar más lejos de la verdad o del corazón de Dios. En su libro, *Revolución moral*, Kris Vallotton habla acerca de la pasión y de cómo el sexo es un regalo digno. Nos recuerda lo que significa dar verdadero amor y nos habla acerca de anhelar la intimidad sexual.

"En un estilo muy franco, Kris aborda el tema del sexo. Recalca que el dilema de tener un impulso sexual antes de poder satisfacerlo da la posibilidad de ofrecer algo por lo que se ha luchado. Algo de valor. Algo apreciado. Escribe de tal manera que hace que nos surja la vena romántica a la vez que nos anima a poner riendas a esta poderosa pasión de manera que podamos empezar una nueva revolución. Es una revolución que puede liberar a las personas de la explotación y del mito de "todo está bien", alejándonos de la senda del daño y del dolor.

"Kris ofrece la perspectiva sobre cómo ser liberado de una forma legalista de ver las cosas que refleja a nuestro Dios amante como si fuera un aguafiestas opresivo y de una mentalidad digna de un estirado fariseo religioso. Ofrece esperanza a aquéllos que quieren preservar un regalo que entregarán al amor de sus vidas en la noche de bodas. Este libro también da esperanza a aquellas personas quebrantadas que sufren a causa de la culpa y de la vergüenza. ¡Estamos hablando de verdadera libertad! Cuando Cristo te libera, eres verdaderamente libre.

"Como padre de cinco hijos y con el deseo de querer lo mejor para ellos en cada área de sus vidas, incluyendo la sexual, no solamente recomiendo encarecidamente este libro, sino que compraré un ejemplar para cada uno de mis hijos."

BOB LENZ
Orador internacional
Autor, *Gracia—Para aquéllos que piensan que no dan la talla*

"Como pastor principal de una iglesia en Hollywood, California, pienso que este libro no podía haber llegado en mejor momento. Quiero recomendarte el nuevo libro de Kris Vallotton sobre pureza como el mejor libro que he leído sobre este asunto. Es tan auténtico y tan orgánico y se deshace del odre viejo de legalismo en el que muchos de los esfuerzos se ven reflejados. En vez de eso, te habla de manera directa y comprensible. No es tan sólo un libro con una enseñanza reveladora, sino uno que imparte fe desde el principio hasta el fin (especialmente en el último capítulo), cosa harto rara en un libro sobre este tema."

SHAWN BOLZ
Pastor principal, Expression 58
Autor, *Claves para la economía del cielo*
y *La compañía de la sala del trono*

"*Revolución moral* es un libro importante para los jóvenes, los padres y los líderes espirituales y podría convertirse en un estandarte para las generaciones venideras. Te da respuestas reales a la revolución sexual de las últimas dos generaciones. Kris Vallotton, autor consumado y gran narrador, mantiene tu interés a la vez que satisface tu mente y tu alma con verdades escriturales ilustrándolo todo con ejemplos penetrantes de la vida real. Te animo a leer este libro y a convertirte en la contra-revolución de Dios."

LOREN CUNNINGHAM
Fundadora, Juventud con una Misión (YWAM)

"Quiero a Kris Vallotton. Ha ministrado a mi familia de las maneras más increíbles. Es un profeta feliz. Da un trato sorprendentemente honesto e implacable a uno de los temas más candentes de nuestro tiempo. *Revolución moral* ya me ha animado a profundizar más en las vidas de mis hijos para ayudarles a atravesar el campo de minas de una cultura con tan alta carga sexual como la nuestra. Que Dios levante muchos padres como Kris que hagan que resurja una generación que ama a Dios, que ama a la pureza y que espera a gozarse en la gloria del sexo dentro del contexto matrimonial."

LOU ENGLE
Presidente, The Call

REVOLUCIÓN MORAL

LA VERDAD DESNUDA SOBRE LA PUREZA SEXUAL

REVOLUCIÓN MORAL

LA VERDAD DESNUDA SOBRE LA PUREZA SEXUAL

KRIS VALLOTON & JASON VALLOTTON

CASA
CREACIÓN

La mayoría de los productos de Casa Creación están disponibles a un precio con descuento en cantidades de mayoreo para promociones de ventas, ofertas especiales, levantar fondos y atender necesidades educativas. Para más información, escriba a Casa Creación, 600 Rinehart Road, Lake Mary, Florida, 32746; o llame al teléfono (407) 333-7117 en Estados Unidos.

Revolución moral por Kris y Jason Vallotton
Publicado por Casa Creación
Una compañía de Charisma Media
600 Rinehart Road
Lake Mary, Florida 32746
www.casacreacion.com

A menos que se exprese lo contrario, todas las citas de la Escritura están tomadas de la Santa Biblia, Nueva Versión Internacional® NVI®, copyright © 1999 por la Sociedad Bíblica Internacional. Usado con permiso. Todos los derechos reservados mundialmente.

Otra versión utilizada es la Santa Biblia Reina Valera Revisión 1960 © Sociedades Bíblicas Unidas, 1960. (RV60) Usada con permiso.

Las citas de la Escritura marcadas (NTV) corresponden a Santa Biblia, Nueva Traducción Viviente, © Tyndale House Foundation, 2010. Usado con permiso de Tyndale House Publishers, Inc., 351 Executive Dr., Carol Stream, IL 60188, Estados Unidos de América. Todos los derechos reservados.

Traducción al castellano: Marta Merino Morales
Revisión: Ángel Nava R.
Director de Diseño: Bill Johnson

Originally published in the USA by
Destiny Image
Shippensburg, PA 17257-0310
Under the title: *Moral Revolution*
ISBN 9780768438635 Copyright © 2010 by Kris Vallotton and Jason Vallotton, USA

Visite la página web del autor: www.kvministries.com

Library of Congress Control Number: 2011940103
ISBN: 978-1-61638-541-5

11 12 13 14 15 * 6 5 4 3 2 1
Impreso en los Estados Unidos de América

DEDICATORIA

Dedicamos este libro a todas aquellas personas que han caído durante la batalla por su pureza y que ahora están luchando para ser restaurados.

CONTENIDO

AGRADECIMIENTOS

POR KRIS VALLOTTON

Kathy—¡Eres la mujer de mis sueños!

Abuelo Bernal—En los oscuros días de mi niñez me enseñaste que merecía ser amado. Nunca te olvidaré por eso.

Mamá—Gracias por amarme y por haber creído siempre en mí.

Bill Derryberry—Tu vida me inspira. Tu amor me ha traído sanidad.

Danny, Dann, Charlie, Steve, Banning y Paul—Me han ayudado a moldear mi vida, mis ideas y mi destino. Gracias.

Allison y Carol—Gracias por todas las horas que han derramado en esta obra.

Equipo de Bethel—¡Vaya! ¡Son sorprendentes! Es un privilegio servir junto a cada uno.

Bill y Beni—Ha sido un placer servirles y servir junto con ustedes durante todos estos años. Les amo profundamente.

Earl—A pesar de que ya te has ido a casa, tu vida sigue viviendo a través de mí. Gracias por haberme adoptado. Estaré para siempre agradecido por la herencia que me diste.

PRÓLOGO

Todos los libros de Kris son importantes y profundos. Pero *Revolución moral* es uno que he estado esperando que escriba. He visto como estos testimonios y conceptos se estaban forjando en el horno del ministerio donde personas quebrantadas fueron restablecidas y donde los jóvenes se revistieron gozosamente de propósito divino. Aferrarse al estándar de pureza bíblica nunca debió ser un castigo para aquéllos que sirven a Dios. Más bien, es una clave a la libertad total, a medida que *la verdad libera*. Mientras muchos han considerado eso cierto, pocos han podido articularlo bien. Pero Kris lo hace. Al hacerlo, ha ayudado a una generación de jóvenes a descubrir la belleza de su sexualidad sin comprometer su propósito. También les ha equipado para tomar decisiones con el cuadro más amplio en mente. Esta ha sido toda una hazaña considerando que los jóvenes no se especializan en vivir para el futuro.

Los libros que tratan temas de santidad son, a menudo, duros y exigentes. Éste no lo es. Es compasivo y fascinante. En estas páginas, la pureza se viste de propósito y de atracción, dando a cada lector la oportunidad de ver la bondad de Dios al habernos creado varón y hembra. Dios lo llamó bueno.

Si estás buscando un libro sobre el noviazgo, o sencillamente sobre encontrar pareja, busca en otro lugar. No es que *Revolución moral* no te pueda ayudar. Seguro que sí. Sencillamente es que este libro tiene un enfoque mucho más amplio. *Revolución moral* es un llamado a la guerra: no a una guerra de palabras, pancartas de protesta y peticiones, sino a una guerra por los pensamientos que moldean la cultura y sus valores. Es un toque de atención para todos aquéllos que tienen un corazón para la verdad y que quieren situarse al frente de esta revolución de pureza. Es hora de salir de la ignorancia para entrar en la revelación, y de la vergüenza sobre el llamado a la pureza para entrar en la valentía y el coraje necesarios para enfrentar la oposición cultural. Así es como reclamamos el territorio que nos ha sido robado mientras la Iglesia dormía.

Hay suficiente fuego de Dios en las páginas de este libro como para encender el corazón de toda una generación y para sanarles de los abusos de una revolución sexual maltrecha. A los puros se les enseña cómo y por qué deben permanecer así, mientras que a los quebrantados se les trae a la sanidad y a la restauración. Dios es el Dios de las segundas oportunidades.

En su estilo clásico, Kris no se anda con rodeos. Su honestidad es brutal. Sus historias son verdad. Y el fruto cae más allá del tiempo. *Revolución moral* tiene los ingredientes necesarios para alimentar un cambio a nivel nacional en lo que respecta a nuestra perspectiva sobre la sexualidad y la verdadera libertad.

Bill Johnson
Pastor principal, Iglesia Bethel, Redding, California
Autor, *Cuando el cielo invade la tierra* y *Cara a cara con Dios*

CREDO DE LA REVOLUCIÓN MORAL

Nuestra misión es inspirar una revolución moral que promueva una cultura de amor, honor y respeto hacia las generaciones dándoles recursos que equipen a la sociedad y la capaciten para estar sana.

Revolución moral es una organización de amantes drásticos y personas apasionadas que juntos, como el Dr. Martín Luther King Jr., tengan el sueño de ser un catalizador para un movimiento global. Es nuestro deseo que este movimiento transforme la manera en la que el mundo ve la sexualidad, define a los no nacidos, abraza a la familia, valora a las generaciones y honra a todas las personas sin que importe su afiliación ni su persuasión. Nos hemos entregado a la labor de desarraigar las causas que hay detrás de los ecosistemas insanos que perpetúan la decadencia moral y que destruyen la estructura de nuestras sociedades.

Nos hemos unido bajo la bandera del verdadero amor para ayudar a ofrecer soluciones reales a estos temas centrales y no una mera cura sintomática. Es nuestra convicción que las culturas sanas se crean a través de refuerzos positivos, de una educación inteligente e imparcial y de una revelación honesta y transparente en vez de a través del temor, el castigo y las normas. Creemos que cuando la mayoría de las personas son amadas de manera incondicional, equipadas de forma correcta, informadas con equidad y capacitadas con igualdad, tienen la tendencia a comportarse noblemente.

¿Por qué no te unes a la revolución para que juntos hagamos historia?

INTRODUCCIÓN

LA REVOLUCIÓN

Originalmente publiqué este libro con el título *Pureza, la nueva revolución moral*. Después cambié el título por *Revolución sexual* para poder llegar a una audiencia más radical. El libro causó tal conmoción que empecé a recibir cientos de correos electrónicos de personas que me preguntaban cómo podían sumarse a la revolución. Me sorprendió la acogida y decidí empezar una organización denominada Revolución Moral. La misión de esta organización sin ánimo de lucro es inspirar otra revolución sexual (ver nuestro credo completo al principio de este libro).

Con el nacimiento de esta organización se hizo necesario que este libro tomase como propósito adicional definir este movimiento. El libro se convirtió en el buque insignia de la revolución, lo que parecía acarrear consigo el cambio de título a *Revolución moral* para así crear una cierta sinergia entre el libro y la organización.

También había varias cuestiones como encontrar pareja, noviazgo y temas sexuales que no abordé en el manuscrito original. Pedía a Jason Vallotton, que está soltero y ha publicado algún libro, que se convirtiese en coautor. Aportó mucha sabiduría y luz al libro y también escribió el Capítulo 5. Si lees *Pureza* o *Revolución sexual*, creo que encontrarás esta nueva versión más intuitiva, inspiradora y útil.

Donde todo empezó

En 1987, el Departamento de Libertad Condicional del condado de Trinity me pidió que dirigiera un grupo de jóvenes formado por chicos que estaban con la libertad vigilada en dicho condado. Tenía que reunirme con ellos dos veces a la semana durante tres meses mientras el Departamento trabajaba con sus padres.

No estaba preparado en absoluto para enfrentarme a estos chicos. Esa primera tarde tuve a los 37 chicos de escuela secundaria jugando al voleibol o al baloncesto durante más de dos horas mientras yo los supervisaba. Tuve que intervenir en 5 peleas diferentes esa tarde. También descubrí que estos chicos no tenían ningún estándar moral. Nadie les había dado *ninguna* pauta sobre cómo debían comportarse con el sexo opuesto. Fue un comienzo agotador y espeluznante.

Por fin pasó la primera mitad. Hice que todos los chicos se sentaran en los bancos que había dentro de ese viejo y desvencijado gimnasio metálico. Una vez sentados, impacientes y expectantes, mientras esperaban a que volvieran a empezar los juegos, compartí con ellos la parábola del anillo (la cual relato en el Capítulo 1) que el Señor me había dado de camino al gimnasio esa tarde. Estaba tan nervioso que casi no podía hablar, pero a medida que contaba la parábola, su impaciencia empezó a evaporarse paulatinamente dejando a plena vista corazones hambrientos y heridos.

Nadie se hubiera imaginado que estos jóvenes

estuvieran hambrientos de la verdad acerca de su sexualidad. Por fuera eran duros y rudos. Se agarraban de sus partes íntimas al jugar al baloncesto y se insultaban con palabras soeces que jamás había imaginado. Pero, al compartir la historia, *todos* empezaron a llorar. Al principio les daba vergüenza e intentaban esconder sus lágrimas, pero, al seguir hablando, muchos estaban gimiendo audiblemente. Me sentí conmocionado por su respuesta. Cuando terminé de compartir la historia, se quedaron sentados en un silencio absoluto. Todos podíamos notar una especie de aura sobrenatural. Un silencio sagrado reposó sobre nosotros a modo de manta invisible.

No sabía qué hacer. Después de todo, esto no era un evento cristiano. Me había asociado con nuestra comunidad para ayudar a restaurar a los quebrantados de nuestro condado. Pasaron varios minutos. Los chicos tenían sus cabezas agachadas por la convicción, sus lágrimas estaban formando charcos en el suelo de hormigón que tenían debajo. Sabía que después de esa noche ninguno de nosotros volvería a ser el mismo. Terminé ministrándoles dos veces a la semana durante los siguientes cinco años. El grupo creció hasta ser más de cien y la escena sobre los bancos se repitió una y otra vez.

A medida que han pasado los años, he descubierto que no sólo los maltrechos chicos que están en libertad vigilada necesitan entender su sexualidad. Todo el planeta está clamando para que haya una revolución sexual. Padres, madres, hijos y abuelos, todos están deseando deshacerse de la basura de la perversión y de la esclavitud de la religión para entrar en el gozo de una pureza apasionada. Mientras el mundo parece estar viviendo en una orgía perpetua y la religión relega a las masas a una prisión sexual, la tierra anhela la verdad sobre el sexo.

Este libro no se ha escrito para que sea un manuscrito más sobre el cortejo—es un catalizador para la reforma sexual. Queremos confrontar el sistema de raíces del mundo a la vez que exponemos a los fariseos religiosos que han robado la pasión de la verdadera pureza sexual.

Nuestra oración es que *Revolución moral* conmueva al planeta y rescriba los paradigmas sexuales de nuestro tiempo.

CAPÍTULO 1

LA PARÁBOLA DEL ANILLO

La alarma de Johnny sonó muy temprano en su primer día de instituto. Se quedó mirando al reloj con los ojos nublados y suspiró. El verano de 1967 oficialmente había tocado su fin. Al emprender su caminata de más de tres kilómetros a su nueva secundaria, su mente estaba llena de preguntas y su corazón de inseguridad. Se preguntaba cómo le recibirían al empezar en la clase de los más jóvenes después de venir de un colegio dónde había estado en la clase de los mayores. ¿Le querría la gente? ¿Se reirían y se burlarían de él los demás?

Al pasar al lado de una joyería que hacía esquina con la Avenida Destino y la Calle Segunda, Johnny, de repente, interrumpió sus pensamientos al quedarse casi ciego por un destello de luz que procedía de algo que había en el escaparate. Se paró para echarle un vistazo más detenidamente. El rayo de luz venía de una sortija del escaparate. Esto no era nada que le interesara, sólo tenía 14 años. Pero la brillantez de la sortija esculpió una imagen en sus ojos que le hizo olvidar sus temores por unos segundos.

Después de esto, prosiguió su caminata y llegó a la secundaria justo cuando estaba sonando la campana para dar comienzo a las clases. Johnny entró nerviosamente a la clase, cabizbajo y buscando un asiento en la parte de atrás. A medida que se acababa el día, se dio cuenta, con cierto placer, de que estaban ahí todos sus antiguos amigos del colegio y que todos estaban tan nerviosos como él.

Cuando por fin llegó a casa esa tarde, su madre le estaba esperando en el porche para escuchar cómo le había ido el primer día.

"Sobreviví", dijo Johnny. "Espero que me vaya mejor mañana."

"Así será", le dijo ella con una sonrisa.

Pero, la mañana siguiente, Johnny se sentía horrorizado y casi más estresado cuando se despertó para descubrir que se había quedado dormido al sonar la alarma. Saltó de la cama preso del pánico y, de manera aturullada, se preparó para irse. El día anterior había llegado segundos antes de que la campana sonara aunque se había ido temprano. *Entrar en la clase el segundo día cuando todo el mundo está sentado no es una opción*, pensó. Todo el mundo le estaría mirando y él querría morirse. Salió pitando por la puerta gritando, "¡Adiós!" mientras cerraba la puerta de un portazo. Fue corriendo durante cierto tiempo y luego siguió a paso ligero.

Al doblar la esquina de la Avenida Destino, el destello de la sortija de la joyería le volvió a cegar momentáneamente, pero iba tarde y no tenía tiempo para pararse e investigar. Sin embargo, cosa rara, aunque la silueta de la sortija se desvanecía, su imagen quedó grabada en su imaginación. *Qué raro*, pensó. *Es como una canción que no te puedes sacar de la cabeza.*

La campana sonó justo cuando estaba cerca de la secundaria. Johnny corrió los últimos metros y entró en la clase totalmente sin aliento. Menos mal que varios estudiantes más llegaron tarde, haciendo que la atención se desviara hacia ellos. Una vez más, Johnny vio que él no era el único que estaba intentando adaptarse a la secundaria. Al sentarse, observó cómo uno de sus amigos le sonreía e, inmediatamente, se sintió mejor. El día dos iba a salir bien, después de todo.

Pasaron un par de meses y las hojas empezaron a caerse de los árboles, a medida que el verano le cedía el paso al otoño. Las mañanas eran más frescas ahora en su paseo a la secundaria cada día. Sus temores se calmaron, a medida que establecía su rutina diaria. En vez de esos temores, ahora sentía una intensa curiosidad por la sortija del escaparate de la joyería por la que pasaba cada día.

Una tarde, de vuelta a casa, Johnny no pudo aguantarse más. Hizo acopio de valor y entró en la tienda. Al ver la exposición, sintió de manera instintiva que ese no era su lugar y casi se sintió culpable por haberse entrometido—sentimiento que se acentuó al ver a un caballero de mediana edad vestido con un traje y que le observaba con cierto desdén desde detrás del mostrador.

"¿Te puedo ayudar, muchacho?"

Johnny se acercó algo nervioso a él. "Me gustaría ver ese… ese… esa cosa… Esto… esa sortija del escaparate."

"¿De qué sortija estás hablando, muchacho?", preguntó el vendedor mayor condescendientemente.

Johnny podía sentir cómo le bajaba el sudor por la frente, pero con gran valentía señaló la sortija. "Esa, la de ahí".

"Esa es una sortija de compromiso de señora", le dijo el hombre con incredulidad. "¿Qué vas a hacer con eso, chico?"

"Sólo quiero mirarla", balbuceó Johnny.

"Bueno... está bien", le contestó mientras quitaba el cierre del cristal, murmurando algo como "estos chicos" bajo su aliento.

Ahí estaba, por fin, brillando bajo las luces de la tienda como una estrella que brilla en medio de la oscura noche. Parecía brillar con un fulgor cristalino, retando a sus admiradores a que observaran más detenidamente y que se acercaran más. Johnny miró fijamente el diamante, y, de repente, una imagen surgió... ahí estaba... *¡la mujer de sus sueños!* Pareció emerger de la sortija a modo de genio cuando sale de su lámpara. Johnny parpadeó sorprendido. De repente, se sintió intensamente vivo; cada célula de su cuerpo vibrando con expectación. Estaba absorto. Era más bella de lo que jamás se había imaginado, o ¿la estaba imaginando ahora también? Todo era tan confuso debido a que ella parecía tan real... Le parecía como si pudiera extender la mano y tocarla e, inconscientemente, eso es exactamente lo que hizo, extendiendo la mano hacia la sortija que estaba en la mano del vendedor.

"¿Qué te crees que estás haciendo?", le gritó el vendedor, retirando su mano de un golpe.

"Yo... yo estaba... estaba intentando... no quería... quería ver...". Tartamudeó Johnny, sintiéndose como si se hubiera despertado abruptamente de un sueño. Todavía sobrecogido por la emoción, se sintió avergonzado enfrente de ese vendedor y se dio la media vuelta y salió corriendo de la tienda y no dejó de correr hasta que llegó a su casa, a su habitación.

Al ir corriendo, se autocastigaba con cada pensamiento, enfadado de haber sido tan vulnerable con algo tan improbable. *¡Que estúpido soy! ¿Qué pretendía hacer con* *una sortija de compromiso de señora? ¿Qué estaba pensando? ¿Qué si uno de mis amigos me ha visto salir corriendo de la tienda? Johnny, ¡eres tan tonto!* Pero, a pesar de todo lo que pensó, la visión de la mujer de sus sueños persistía en su mente. Algo dentro de él le estaba diciendo que, de alguna forma, tenía que conseguir esa sortija.

Durante varios meses después de esa experiencia, Johnny se cruzaba al otro lado de la calle cuando pasaba por la zona de la joyería para que el vendedor no le viera. Pero aún desde ahí, la sortija parecía llamarle y empezó a planificar otra visita a la joyería. Se dio cuenta de que los viernes por la tarde había una mujer más joven detrás del mostrador en vez del hombre mayor; ella parecía ser amigable. Así pues, una congelada tarde de un viernes de enero, con el viento silbando por las desiertas calles y una lluvia helada que le empapaba hasta la ropa interior, Johnny luchó con el aire para abrir la puerta y se refugió en el ambiente cálido de la joyería. Se quedó ahí de pie tiritando y sin saber si estaba helado o, más bien, nervioso. Se sintió mejor cuando la mujer le saludó con una cálida sonrisa.

"Hola", dijo ella. "¿Le puedo ayudar con algo, caballero?"

Parecía sincera, y le había llamado "caballero"… como si fuese un cliente de verdad. Johnny dio un paso al frente. "Bueno, sí… sí, puede", dijo con la voz más profunda que pudo sacar. "Me gustaría ver la sortija del escaparate—la sortija de compromiso que tiene el diamante enorme. Está ahí", dijo, apuntando con el dedo.

Ella arqueó las cejas. "Qué buen gusto tienes. Debe ser una chica fabulosa."

"¿Chica? ¿Qué chica?"

"Bueno, me supongo que estás interesado en darle esta sortija a un 'alguien' especial."

"¡Sí! Por supuesto que sí." Se quedó en silencio. "Lo que pasa es que todavía no he conocido a nadie así", confesó Johnny.

"¿Quieres decir que pretendes darle un anillo de compromiso de $10.000 a una cita a ciegas?"

Johnny se quedó de piedra. *¡Diez mil dólares! Increíble*, pensó intentando con todas sus fuerzas no reaccionar ante el precio.

"¡No! No, señora. No está ciega. ¡No! Lo que quiero decir es que yo... no he hablado con ella todavía", soltó de un golpe.

A estas alturas, la dependienta estaba sosteniendo la sortija bajo las luces. Era más sorprendente de lo que recordaba. Su vergüenza se desvaneció ante la gloria del diamante.

"¿La puedo sostener, señora?" preguntó.

Ella dudó. "Me temo que mi jefe me echaría si te dejase que sostuvieras esta sortija, joven."

"Soy un comprador, no estoy mirando, señora. Si me gusta, quiero comprarla", dijo Johnny intentando sonar profesional.

La mujer se paró durante lo que pareció ser una eternidad mientras observaba la tienda. Johnny asumió que estaba asegurándose de que el hombre mayor no estuviera por allí. Finalmente, dijo algo nerviosa: "Bueno, está bien. Te dejaré sostenerla durante un rato".

Johnny la tomó con mucho cuidado y observó el diamante. Una vez más, la imagen que había visto anteriormente volvió a aparecer. *¡La mujer de sus sueños!* Parecía estar bailando en la niebla. La podía ver con toda nitidez. Su piel era oscura y preciosa, una brisa invisible estaba acariciando su pelo largo y negro y llevaba puesto un vestido azul vaporoso. Lo estaba mirando directamente con los ojos más verdes que jamás había visto. Era un bombón. Lo más raro de todo es que Johnny tenía la impresión de que la había visto antes. Su mirada parecía penetrar el alma de Johnny. Era como si lo conociera, como si confiara en él y lo admirara. Se preguntó cómo podía ser esto sin haberse conocido.

Sus pensamientos se vieron interrumpidos por un ruido. La vendedora le estaba pidiendo la sortija. Él se volvió a ella y le dijo: "Me la llevo. ¡Me la tengo que quedar!"

"¿Te la envuelvo?", le preguntó, obviamente desafiándole.

"Bueno, no... tendré que dejarla aquí durante un tiempo", admitió avergonzado.

"Está bién. Pedimos un veinte por ciento de fianza para guardártela", dijo ella, siguiéndole el juego. "Eso sería $2.022,80."

Actuando de manera confiada, Johnny buscó su billetera. La abrió, dejando al descubierto su interior vacío, pero con cuidado de que ella no se percatara y dijo: "Necesitaré bastante tiempo para poder juntar el dinero de la fianza, señora".

"Tal vez podría reducirte un poco el primer pago", dijo ella. "¿Con cuánto dinero cuentas ahora mismo para apartar esta sortija?"

"Esto... no estoy seguro. Tendría que ir a casa y hacer cuentas", dijo.

"Está bien, hazme saber lo que puedes hacer y veré si puedo hacer algo para ayudarte."

"Gracias. Volveré."

Desde ese momento en adelante, lo más importante en la mente de Johnny era encontrar un trabajo. Sus padres se sorprendieron cuando él les anunció su intención de trabajar después de todos los años en los que ellos habían luchado con él para que simplemente cortara el césped. En el pasado, había roto el motor de arranque de la segadora tres veces a propósito para no tener que cortar el césped. Hasta habían ofrecido pagarle si hacía el trabajo, pero parecía que nada lo motivaba.

Pero esto era diferente. Esto no tenía que ver con el dinero. Había visto a *la mujer de sus sueños*.

Johnny descubrió que para un chico de 15 años sin experiencia era difícil conseguir un trabajo. Después de su búsqueda de empleo durante varios días, lo contrataron en un lavado de coches cercano a su casa. Estaba totalmente emocionado.

Johnny comenzó una nueva rutina de ir a la escuela cada día, volver rápidamente a casa, cambiarse de ropa e irse corriendo a trabajar. Cuando volvía a casa del trabajo, hacía sus deberes y se iba tarde a la cama. Al día siguiente, se levantaba y hacía lo mismo otra vez y trabajaba todos los fines de semana. Era un horario agotador que no le dejaba tiempo para actividades escolares, deportes, bailes ni citas. Pero se repetía a sí mismo una y otra vez que se estaba sacrificando por *la mujer de sus sueños* y que merecía la pena. A menudo, se quedaba despierto por la noche, imaginándose cómo iba a ser cuando le diera la sortija en su luna de miel. Se sentaría con ella en la cama y le haría cerrar los ojos, sostendría la sortija delante de su cara y luego le diría que mirara. Se imaginó la expresión de la cara de su novia y el simple hecho de imaginárselo lo llenaba de emoción. No podía esperar.

Sus padres no paraban de hacerle preguntas intentando averiguar la raíz de su cambio, pero Johnny sabía que decírselo a sus padres, o a cualquier otro, no era nada inteligente. ¿Cómo les iba a explicar que estaba dejándose la piel trabajando para poder comprar una sortija para una chica que ni siquiera conocía? Sabía que si decía la verdad acabaría sentado en el despacho del consejero escolar. Después de todo, hasta a él le parecía una locura. Pero se sentía en la obligación de hacerlo.

Pasó un mes antes de que Johnny volviera a la joyería; esta vez con $250 en su bolsillo. Entró en la tienda con el corazón latiéndole a toda velocidad y la boca seca, luchando para recordar las frases que había estado ensayando durante semanas. La dependienta estaba ayudando a otra persona, pero le vio y le sonrió. Cada segundo que pasaba parecía una hora mientras esperaba a que terminara. Estaba preocupado por si el hombre mayor salía de su despacho y le veía. Por fin, ella se volvió hacia Johnny y él empezó su discurso.

"¿Se acuerda que hablé con usted hace un mes? Bueno, he empezado a trabajar y tengo $250 para dar como fianza para la sortija". Sacó un montón de cambio de su bolsillo delantero.

"Sí que recuerdo tu visita", respondió ella. "Es un requisito el dar un 20 por ciento del precio para que separemos la mercancía, pero tengo otra idea que me gustaría que consideraras. ¿Qué te parece si abres una cuenta con nosotros y nos haces pagos semanales hasta que pagues el anillo? Mantendremos la sortija como aval hasta que pagues el precio completo."

"¡Vaya! ¿Piensa…? Quiero decir, ¿podríamos hacerlo así?"

"Estoy bastante segura de que el director lo aprobaría", dijo ella.

"El director… qué bien." Esto no le animó en lo más mínimo. Asumió que el director era el hombre que ya había conocido.

"Voy a preguntarle."

Johnny estaba tenso por el temor cuando el vendedor apareció en la puerta con una mirada hosca.

"Ya. Me acuerdo de ti. No sé cómo has conseguido convencer a Kathy de que podrías comprar esa sortija, pero yo dudo muchísimo de que puedas—ni que debas, si me preguntan. Es absurdo que un chiquillo compre algo así." Se dio la vuelta para marcharse.

Johnny se encendió en ira. "Ni siquiera me ha dado la oportunidad, señor. Le probaré que soy responsable, pagaré la sortija antes de graduarme de la secundaria. Tiene mi palabra, señor… Señor, ¡tiene mi palabra!"

El hombre se paró, se volvió hacia la dependienta y la miró fijamente.

"Creo que debería darle la oportunidad", dijo ella.

El hombre suspiró exasperado. "¡Está bien! Pero pagarás semanalmente, y si te pasas un solo pago, no hay trato. ¿Lo entiendes? No solo eso, sino que nos quedaremos con un 30 por ciento del costo de la sortija por no haberla vendido."

"Lo entiendo. No se me pasará ni un solo pago", prometió Johnny.

El hombre mayor se fue a su despacho meneando su cabeza y balbuceando.

La dependienta se volvió a Johnny. "Siento tanto que te haya tratado así. He trabajado con él durante varios años y sé que es duro, pero nunca lo he visto comportarse así con nadie." De hecho, tenía lágrimas en sus ojos. "Deberías ir a otro lugar a comprarte una sortija. Este es un trato financiero bastante malo. Puedes perder todo el dinero que tanto te cuesta ganar. ¡No merece la pena!"

"Señora, quiero este anillo. No quiero ningún otro anillo. No se me pasará ni un solo pago. Prometo que lo puedo hacer. Le voy a demostrar que se ha equivocado conmigo."

"Bueno…está bien, Johnny—¿te puedo llamar Johnny?"

"Sí, señora. Ese es mi nombre."

Extendió su mano y se la dio, sonriendo. "Tú me puedes llamar Kathy. Felicidades por la sortija."

Kathy redactó el contrato y Johnny lo firmó. El trato se había cerrado y se fue de la tienda con un sentimiento de victoria en el corazón. Ahora todo lo que tenía que hacer era ganar $50 a la semana.

Desde ese punto en adelante, parecía que todo lo que hacía Johnny era trabajar. A medida que las semanas se convertían en meses y los meses en años, se hizo patente que nada iba a pararle. Era un hombre poseído. Tenía que conseguir ese anillo para *la mujer de sus sueños*.

Cada sábado, de camino al trabajo, se pasaba por la joyería y hacía su pago. El malhumorado vendedor mayor le esperaba detrás del mostrador y Johnny esperaba con anticipación el momento de darle el dinero. Cada pago era como un acto de guerra. El hombre casi nunca le miraba a los ojos ni decía nada al escribir el recibo. Cuando Johnny pedía ver el anillo, cosa que siempre hacía, el hombre suspiraba como si fuese un inconveniente terrible. Nunca lo dejaba sostener la sortija.

Pero, a medida que pasaban los meses, el hombre mayor empezó a desmoronarse y, un sábado, después de dos años de fidelidad en sus pagos, no pudo esconder su cambio de corazón por más tiempo. Cuando Johnny entró en la tienda, le sorprendió ver al vendedor esperándolo con la sortija fuera del escaparate para enseñársela. "Buenos días, Johnny", le dijo el vendedor con una sonrisa. "De camino al trabajo, me supongo." Le dio a Johnny la sortija. "He limpiado la sortija esta mañana con una solución abrillantadora, estaba perdiendo su brillo."

Sorprendido de que el hombre lo hubiera llamado por su nombre y le hubiera dado la sortija de manera tan solícita, Johnny se le quedó mirando durante unos segundos antes de exclamar: "¡Gracias, señor!". El brillo del diamante le maravilló. "Muchas gracias. ¡Es precioso!"

Johnny salió de la tienda sintiéndose satisfecho. No le había sorprendido demasiado la actitud del vendedor; se había dado cuenta de que el hombre llevaba meses ablandándose. Pero ese día, se hizo patente que Johnny había ganado. Le he ganado, y lo sabe, pensó Johnny. *Eso no ha sido un cambio de corazón sin más. No, eso ha sido un reconocimiento de victoria… la bandera blanca de rendición… una señal de tregua.*

Los años pasaron y le quedaban dos semanas para graduarse. Era viernes por la noche, pero no cualquier viernes por la noche; no, esta era la noche anterior al último pago del anillo. No podía esperar. Estuvo dando vueltas y más vueltas toda la noche para finalmente dormirse a altas horas de la madrugada. Cuando el sueño le venció, empezó a soñar.

Ahí estaba, *la mujer de sus sueños*. Era impresionante, pura e inocente como una niña, casi ingenua. Ella bailaba a su alrededor, riéndose y bromeando con él mientras se movía. Su presencia lo intoxicaba. Pero, de repente vio que ella también estaba enamorada de él… su primer amor… el hombre de sus sueños. Podía sentir cómo le latía el corazón a ella también con pasión, su mente inundada de intriga. Esta era la primera vez que se dio cuenta de que ella le había estado buscando durante toda su vida, anhelando su abrazo, ansiando su beso. Él no quería que terminara el sueño, pero empezó a desvanecerse. No podía ver ya su cara. Entonces volvió a aparecer, pero su vestido azul había sido reemplazado por el uniforme de enfermera. Cuando se despertó, se preguntó qué sería todo esto. *Seguía siendo increíblemente elegante en su uniforme blanco, pero ¿qué significaba todo esto?*

Salió de la cama y se dio cuenta de que ya eran las 9.00 de la mañana, lo que quería decir que tendría que darse prisa si iba a recoger el anillo antes de ir al trabajo. Se colocó la ropa encima y salió corriendo por la puerta, su mente todavía cautiva del misterioso sueño. Condujo directamente a la joyería, corrió hacia la puerta, luego se paró y tomó aire antes de entrar. Lo que vio después le tomó totalmente desprevenido. El vendedor y Kathy estaban de pie con globos y un cartel que decía: "¡Lo conseguiste! ¡Felicidades!". Hasta había una tarta sobre el mostrador con "Felicidades, Johnny" escrito encima. Al ir hacia el mostrador, ambos le gritaron: "¡Felicidades, Johnny!".

El vendedor extendió su mano hacia Johnny y le miró a los ojos. "Eres un joven excelente. Me equivoqué contigo. Por favor, ¡perdóname!"

"Lo perdono, señor", respondió Johnny. Todos tenían lágrimas en los ojos. Era el mejor día de su vida.

"Mantente en contacto con nosotros, Johnny", dijo el vendedor cuando salía de la tienda. "Te vamos a echar de menos."

"Yo también los echaré de menos. ¡Gracias por todo!" Johnny se fue con su tarta en una mano y la sortija en el bolsillo—¡por fin! No lo podía creer.

Tan solo unos días después, el triunfo de Johnny se convirtió en un torbellino. Dos días antes de su graduación, llegando al aparcamiento de su casa, se encontró a su madre y a su padre esperándole en el porche. Al llegar al primer escalón, pudo ver que su madre estaba llorando.

"¿Qué pasa?" gritó. "¿Qué anda mal?"

Su padre, cabizbajo, sacó un sobre de su bolsillo delantero y se lo entregó a Johnny. Estaba dirigido a él, pero ya lo habían abierto. El sobre contaba toda la historia: El Ejército de los Estados Unidos. Johnny estaba temblando al abrir la carta para leerla en voz alta. "Notificación de alistamiento para Johnny H. Johnson. Presentarse en Fort Ord, California el 19 de julio de 1972 a las 9.00 de la mañana."

Johnny bajó la cabeza y empezó a llorar. Sus padres lo abrazaron y lloraron juntos. "No pueden hacer esto", protestó su madre. "¡No pueden llevarse a mi único hijo!". Su llanto se convirtió en gemido.

"Todo irá bien, mamá", dijo Johnny. "Estaré bien, mamá", dijo acariciándole el pelo.

Su padre no dijo nada, pero sus ojos estaban llenos de dolor. "Todo irá bien, papá", dijo Johnny. "Volveré a salvo... lo haré. Lo prometo."

Unas semanas después, sus padres lo llevaron a la oficina de reclutamiento. Hubo más lágrimas cuando se dijeron adiós. Sus padres se quedaron mirando cómo los jóvenes entraban en el autobús y salían del aparcamiento. Johnny les dijo adiós hasta que desaparecieron de su vista.

Sentado en el autobús, se sentía como el primer día de la secundaria, sólo que peor. Miró a su alrededor al resto de los chicos y se dio cuenta de que todos estaban igual que él. Era algo reconfortante saber que no era el único que estaba asustado.

Finalmente, llegaron a la base y los metieron en tropel—primero a presentarse y después a cortarse el pelo—al son de los gritos del sargento. *Este hombre hace que el director de la joyería parezca un ángel*, pensó Johnny para sus adentros mientras el peluquero le cortaba el pelo. Desde ahí, él y el resto de los reclutas fueron llevados a las barracas con el sargento corriendo a su lado gritándoles órdenes e insultos. Cuando desempaquetaron sus pertenencias para meterlas en sus compartimentos en preparación para el entrenamiento vespertino, Johnny se enfrentó con el problema de qué hacer con la sortija. Ni se le había pasado por la cabeza el dejársela en casa, pero ahora tenía que encontrar un lugar donde esconderla. La envolvió dentro de un calcetín y la metió en el fondo de su compartimento.

Poco tiempo después, él y otros reclutas estaban con su ropa de faena corriendo bastantes millas con sus mochilas a la espalda. El día fue agotador, una barricada agobiante de ejercicio y charla vulgar diseñada para romperlos. Algunos hombres tropezaban y se caían, completamente exhaustos, y otros se paraban para vomitar a un lado del sendero. A Johnny le fue bastante mejor que a algunos de ellos, pero cuando finalmente volvieron a las barracas, su cuerpo calló como una muñeca de trapo. Se arrastró litera arriba casi incapaz de subir las piernas al colchón. Nunca había estado tan cansado.

Cuatro horas después, se encendieron las luces y el sargento les ordenó a todos que se pusieran de pie al lado de sus literas. Johnny bajó lentamente su cuerpo dolorido de la litera. Su corazón iba a toda velocidad, su cabeza le daba vueltas. Su reloj le decía que eran las tres de la mañana. *¿Qué querrá este idiota de nosotros a estas impías horas de la mañana?*, pensó.

"¡Inspección de compartimentos!" gritó el sargento. "Señores, ¡abran sus compartimentos ahora mismo!"

El pánico se apoderó de Johnny al recordar de repente que la sortija estaba ahí. El sargento estaba inspeccionando la fila de compartimentos y estaba tirando sus contenidos en el suelo y vio que la suya era la siguiente. Dio un paso al frente para intentar llegar a ella, pero llegó demasiado tarde. "¡Apártese de su compartimento, Johnson!", ordenó el sargento. Antes de que Johnny se pudiera mover, el sargento tiró su compartimento al suelo, esparciendo su contenido por todas partes. El calcetín con la sortija salió volando y aterrizó a los pies del sargento. El sargento miró hacia abajo. "Vaya lío que tienes aquí, chico. ¡Recoge esto ahora mismo!" Johnny estaba helado de terror. "¿Me ha oído, Johnson? ¡He dicho *ahora*!"

"Sí, señor", dijo Johnny, luchando contra sus lágrimas. Amontonando su ropa en un lado e intentando no atraer la atención hacia el calcetín.

"¡Rápido! Déjame ver esos calcetines, chico", le ordenó quitándoselos de las manos. El corazón de Johnny estaba a punto de salírsele del pecho mientras el sargento se acercaba los calcetines a la nariz.

"Estos calcetines apestan. ¿Te has enterado, Johnson?" Los tiró al otro lado de la habitación.

"Sí, señor, lo entiendo."

"Vamos a enseñarle como lavar la ropa ahora mismo, Johnson. Limpie este lío y preséntese en la lavandería", ordenó el sargento.

"Señor, sí, señor", gritó Johnny, poniéndose firme.

Tan pronto como salió el sargento de las barracas, dando un portazo tras de sí, Johnny fue rápidamente al otro lado de la habitación para recuperar la sortija. Su cajita de terciopelo azul se había salido del calcetín y estaba tirada en el suelo en dos piezas. Menos mal que la sortija seguía dentro. Después de asegurarse de que nadie lo estaba observando, recogió cuidadosamente la sortija y se la metió en el bolsillo. Se veía en buen estado, pero tendría que observarla más detenidamente después para asegurarse. Además, tenía que hacerse de un escondite mejor.

Johnny arregló su compartimento y organizó todas sus cosas. Se podía cortar la tensión en las barracas con un cuchillo. Todos estaban tensos, preguntándose qué iba a pasar después. Esto, decididamente, no era la secundaria. El ejército era brutal y más frío que un témpano de hielo.

Johnny se presentó en la lavandería a las 4.00 de la mañana. Exhausto y estresado, se esforzó por escuchar mientras el cabo le enseñaba cómo utilizar las máquinas. Le enseñaron un montón de toallas y de sábanas y le ordenaron que se presentase al desayuno cuando terminara de lavarlas y secarlas todas. Después de haber cargado todas las máquinas, se tomó unos instantes para inspeccionar la sortija y asegurarse de que había sobrevivido a su vuelo a través de la barraca. La acercó a la luz y la miró de cerca. Parecía estar intacta. Después, tomando un rollo de cinta de embalar que había en un estante del cuarto de lavadoras, se le ocurrió una idea. Le sacó el forro al casco, con su navaja hizo un agujero lo suficientemente grande como para que cupiese la sortija. Después puso cinta de embalar para mantenerla ahí y volvió a poner el forro. Supervisando su obra maestra, Johnny suspiró aliviado. La sortija estaba totalmente escondida y ahora siempre estaría con él. *Por fin algo le salía bien*, pensó Johnny.

Las semanas siguientes estuvieron llenas de más calvario y abuso, pero los hombres se acostumbraron y se hizo un fuerte vínculo entre ellos, obteniendo fuerza de la camaradería que gozaban mientras esperaban que los desplegaran. Nadie quería ir a Vietnam, por supuesto. Pero por fin llegó el día cuando los hombres recibieron la orden. La habitación estaba llena de tensión mientras el sargento leía los diferentes sitios de destino. La tensión crecía con cada nombre; Vietnam no había sido mencionado. Entonces hizo una pausa, miró a su cuaderno y dijo: "El resto van a Vietnam por barco la semana que viene. Buena suerte, hombres. ¡Mantengan las cabezas bajas!".

Esa noche, varios de los hombres estaban llorando en sus literas. Johnny era uno de ellos. Nadie bromeaba con ellos y casi nadie durmió demasiado esa noche. Johnny llamó a sus padres por la mañana… su voz rompiéndose mientras hablaba. Su madre cayó de rodillas y lloró sin control cuando oyó las noticias. Su padre intentó consolar a ambos. Johnny lloró en silencio al aferrarse al teléfono durante varios minutos. Finalmente no lo pudo soportar más. Dijo rápidamente: "Me tengo que ir. Recuerden siempre, los amo muchísimo. Digan a mi hermana que también la quiero. Adiós". Colgó antes de que respondieran.

Una semana más tarde, Johnny iba en avión hacia Vietnam. Los hombres estaban sentados en silencio, consumidos con las realidades de la muerte y la batalla con la que se iban a enfrentar muy pronto. Johnny estaba intentado no imaginarse lo peor. Se acordó del compromiso que hizo con Dios cuando era pequeño. Ahora parecía tener más sentido—vivir por la eternidad, servir a Alguien que te puede proteger. Al considerar estas cosas, Johnny empezó a notar que, en medio de su temor, podía sentir la presencia de Dios cerca de él por primera vez después de muchos años. Le pidió al Señor que lo protegiera y lo trajera de vuelta a casa. Le prometió que se tomaría en serio servirle y le dio las gracias por su amor. Una paz sobrecogedora empezó a invadir su alma. Se sintió más relajado de lo que se había sentido en los últimos meses y, de hecho, se durmió sentando en el avión con su rifle en la mano.

Entonces empezó a soñar. Estaba en una espesa niebla, y su corazón le dio un vuelco cuando, de repente, alguien apareció muy cerca de él. Ahí estaba, *la mujer de sus sueños*. Llevaba puesto el uniforme de enfermera otra vez y parecía estar observándole por dentro, como si estuviera buscando algo en su interior. Por alguna razón, él sabía que ella estaba buscando valentía. Entonces sonrió, como si la hubiese descubierto en un lugar secreto de su corazón. Sin aviso previo, sintió cómo el coraje surgía en su interior como si fuera un pálpito de energía. Lo besó y desapareció en la niebla. Inmediatamente se despertó sintiéndose como un hombre diferente. Surgió una valentía que antes no tenía y se sintió centrado y confiado. Había visto aquello para lo cual tenía que vivir. El cambio en su actitud fue tan dramático que estaba convencido de que algo sobrenatural le acababa de ocurrir.

El largo vuelo llegó a un abrupto final cuando el avión tocó tierra en una pista de tierra en medio de la jungla. Las explosiones y el sonido de metralla se podían oír en la distancia mientras desembarcaban. A los pocos minutos, empezaron a sudar a chorros en ese clima con un 90 por ciento de humedad. "Bienvenidos a Vietnam, señores", gritó el piloto. Los soldados vieron como el avión empezó a correr por la pista. Después, para horror de todos, oyeron la explosión de fuego de metralletas. El avión saltó en llamas y se estrelló al final de la pista en una bola de fuego. Los hombres empezaron a correr hacia el avión, pero pronto tuvieron que ponerse a cubierto ya que las balas venían por todos lados. "Bienvenidos a Vietnam", Johnny se repitió.

Era imposible describir el sentimiento de ese primer

día en Vietnam. Pero esto era la guerra, un infierno creado por el hombre. En los meses siguientes, esta escena se repitió una y otra vez. Cada día los hombres morían en la batalla y Johnny luchó por no sucumbir ante la presión. Era especialmente difícil cuando sus amigos, con los que había acampado, caían en el fragor de la batalla. El temor, la desesperación y la desesperanza se convirtieron en una manera de vivir. Pero Johnny se dio cuenta de que la paz y la valentía que le habían surgido en el avión se quedaron con él, dándole la fuerza y la resolución que, de otra forma, no hubiera podido tener dadas las circunstancias.

Entonces para Johnny llegó el día que teme todo soldado. Él y su tropa se encontraron atrapados en medio de un campo, rodeados por tres lados por el enemigo. Enviaron un mensaje por radio para que les ayudaran, pero se les informó que pasarían tres horas antes de que pudieran llegar los refuerzos. Su única esperanza de supervivencia era llegar a la trinchera que estaba a 300 metros al norte de donde se encontraban y esperar que llegara la ayuda. Los hombres tuvieron que arrastrarse sobre sus estómagos a lo largo de 200 metros, después saltar sobre sus pies y correr hacia la trinchera en medio del fuego enemigo. Cuando era el turno de Johnny de salir corriendo, recitó una rápida oración, saltó y salió corriendo para salvar la vida. Casi había llegado a la trinchera cuando una pieza de metralla golpeó su casco y se le cayó. Se inclinó para cogerlo, pero las balas estaban volando y las granadas estaban explotando a su alrededor. Los hombres le estaban gritando y haciendo señas con las manos para que se diera prisa. Se inclinó, corrió hacia delante y dio un último salto hacia la trinchera. Los hombres le ayudaron para arrastrarle hacia el lugar seguro.

Sin aliento, gritó: "¡Mi sortija... mi sortija! Necesito ir por mi casco". Vio al sargento. "Señor, tengo que ir a por mi casco."

"¡A cubierto, Johnson!", le gritó el sargento.

"Sargento, usted no entiende. Tengo que recoger mi casco... tengo que ir, señor", respondió Johnny.

"¡Cuerpo a tierra, Johnny! ¿Me oye, hijo? ¡Mantén la cabeza baja!", insistió el sargento.

Pero Johnny, obstinadamente, negó con la cabeza. "Lo siento, señor. Tengo que ir por mi casco". De un salto, salió de la trinchera y corrió a través del campo con las balas silbándole por las orejas. Viendo su casco, se abalanzó para agarrarlo, se lo ató a la cabeza, dio un salto y volvió corriendo. Cuando estaba saltando para llegar a la trinchera, las balas atravesaron su muslo y rodilla derechos. Gritó de dolor al intentar arrastrarse los últimos metros para llegar a la trinchera. Dos soldados salieron y lo pusieron a salvo. Una de las balas le había dado en una arteria y estaba perdiendo mucha sangre muy rápidamente. Los hombres le rasgaron los pantalones y le hicieron un torniquete con su cinturón para detener la hemorragia. Oyó cómo llamaban a un helicóptero para llevarle a la unidad de cuidados médicos y perdió el conocimiento.

El helicóptero llegó por fin al atardecer y estaba recibiendo fuego enemigo al intentar aterrizar en un campo cercano. Los hombres llevaron rápidamente a Johnny al helicóptero y lo metieron dentro mientras unos soldados los cubrían disparando metralletas de 50mm. Llevaron a Johnny a Hanoi, donde, inmediatamente, lo metieron a cirugía para detener la hemorragia y extraer las balas. Después de la operación, estuvo inconsciente durante tres días, aferrándose a la vida por un hilo. Pero esa mañana del tercer día, finalmente despertó. Se las arregló para abrir los ojos e incorporarse a duras penas mientras se quejaba. "¿Dónde estoy? ¿Qué está pasando? ¿Qué me ha pasado?"

"Estás en el hospital", dijo una voz sosegada cerca de su cama. "Fuiste herido en combate. Te vas a recuperar."

"Mi casco… ¡mi casco! ¿Dónde está mi casco? Quiero mi casco… por favor. Por favor encuentre mi casco", rogó Johnny.

"Tu casco está aquí." La enfermera lo puso en la cama de al lado. Johnny extendió su mano y lo tomó, palpando la sortija. Suspiró con alivio cuando descubrió que seguía debajo del forro.

"Tu sargento dijo que fuiste herido mientras intentabas recuperarlo del campo de batalla", dijo la enfermera que estaba detrás de él. "Quería asegurarse de que lo tuvieses cuando te despertaras".

Johnny volvió la cabeza para ver de dónde provenía la voz.

"Estoy aquí", dijo ella, moviendo la cabeza de él con cuidado con sus dos manos y volviéndola hasta que los ojos de él se encontraron con los de ella. Eran bellísimos y verdes y miraban a los suyos con una mirada firme que le resultaba muy familiar. Luchó para aclararse las ideas y deshacerse de la neblina. Era un "déjà vu". Conocía a esta mujer. De alguna manera, de algún lugar, él la conocía. Reconocía su voz, sus ojos, su sonrisa—pero ¿cómo podía ser?

Su pelo negro brillaba bajo las brillantes luces de la habitación al desplazarse hacia su cama para comprobar su presión arterial. Sus movimientos eran elegantes y llenos de gracia. Después se dio cuenta de su uniforme, y la verdad le sobrevino. Era ella, la hija del destino, *¡la mujer de sus sueños!* Casi no lo podía creer. El estrés y el trauma del campo de batalla se iban borrando de su cuerpo y de su mente y estaba totalmente paralizado por su presencia. No podía quitarle los ojos de encima, y era evidente. Ella rió e intentó concentrarse en su trabajo.

"Es de mala educación quedarse mirando fijamente a la gente, ¿sabes?"

"No lo puedo evitar."

"Mmmm. Me supongo que no debería esperar mucho de una persona que ha sido herida y ha estado delirando estos tres últimos días."

"Tal vez haya sido herido, pero no estoy muerto", le ripostó.

Ella sonrió. "Eso lo puedo ver. Bueno, voy por el doctor y le voy a decir que has despertado." Empezó a irse.

"¡Espera! Antes de que te vayas tengo una pregunta que hacerte."

"¿Qué pregunta es esa, cabo de primera Johnson?"

Haciendo acopio de todo su coraje, le preguntó: "¿Te casarías conmigo? Lo digo en serio. ¿Quieres ser mi esposa?"

Se quedó mirándolo fijamente durante un rato, que a él le pareció una eternidad, después movió la cabeza, se dio la vuelta y salió de la habitación riéndose.

"¡Lo digo en serio!", gritó mientras ella se iba. Quería llamarla por su nombre, pero se dio cuenta de que no lo sabía.

Diez minutos más tarde, el doctor entró en la habitación para reconocerle. "Buenos días, Cabo Johnson. María me ha informado de que está muy despierto y ya está recuperando su fuerza", dijo el doctor con una sonrisa. Johnny quería abrazar al doctor por haber dicho su nombre. *María. Qué nombre más bonito.* Johnny no pudo pensar en nada más durante el reconocimiento con el doctor. Después que el doctor se fue, sin embargo, la audacia de su propuesta de matrimonio impulsiva le golpeó y empezó a tener ansiedad a medida que pasaba la siguiente hora y María no volvía; la había asustado. Pero finalmente apareció. Él estaba tan agradecido cuando la vio entrar, sonriendo, para atenderle. Tomó la resolución de ser más respetuoso y paciente a la hora de atraerla. Menos mal que, como le había sido asignada como enfermera, tenía suficiente oportunidad para demostrar la sinceridad de sus intenciones.

La recuperación de Johnny duró varias semanas. Con el tiempo pudo andar, ayudado por María, y cuando ya no necesitaba su ayuda, empezaron a dar paseos diarios juntos cuando ella salía del trabajo. Fue en uno de esos paseos que tuvieron la oportunidad de conocer cosas el uno sobre el otro. Ella le dijo que era la hija más joven de un hombre tejano muy rico que se dedicaba al petróleo y que había decidido hacerse enfermera en contra de los deseos de su padre, porque ella quería ayudar a la gente. Era fuerte y compasiva, divertida y franca y cuanto más la conocía Johnny, más se daba cuenta de que era más sorprendente de lo que jamás había soñado. Menos mal que parecía que ella sentía lo mismo por él y su amor se hizo más profundo cada día. Pero en todas sus conversaciones, él nunca mencionó el anillo. Seguía planeando, como lo había estado haciendo desde que tenía 15 años, sorprenderla con la sortija la noche de bodas.

Siete semanas después de que Johnny hubiera llegado al hospital en el helicóptero médico, el doctor le dijo que estaba lo suficientemente recuperado como para volver a hacer cosas ligeras y que terminaría su servicio en los Estados Unidos. La noche antes de irse, María entró en su habitación y se arrodilló junto a él. Con lágrimas corriendo por sus mejillas, ella tomó su mano y le dijo: "Me encantaría ser tu esposa, Johnny". Él la tomó en sus brazos y lloró con ella de gozo y tristeza. Después de un tiempo, caminaron juntos al porche de atrás del hospital y se sentaron juntos en silencio, observando el maravilloso amanecer de Vietnam juntos. Unas pocas horas más tarde, Johnny estaba de camino a casa.

Los meses siguientes en los que Johnny terminó su servicio le parecieron larguísimos. Pero, a pesar de los océanos y de las miles de millas que los separaban, el amor de Johnny y María era cada vez más fuerte. Se escribían el uno al otro cada día hasta el día de su boda, que tuvo lugar en la casa de los padres de María, una mansión lujosísima situada en el Golfo de México, unos pocos días después de que Johnny acabó el servicio militar. La boda fue impresionante; los padres de María se gastaron una pequeña fortuna en la celebración e invitaron a cientos de personas. Johnny le dio a María un sencillo anillo de boda durante la ceremonia, pero al hacerlo en lo único que podía pensar era en el momento en que le presentaría la sortija. Era en lo único que pudo pensar a lo largo de ese día. Le pareció una eternidad hasta que, por fin, se metieron en la limosina, cubiertos de arroz y fueron llevados al hotel de la playa.

Saborearon los primeros momentos a solas del día, él la tomó en sus brazos y la introdujo en la suite matrimonial. De manera juguetona la tiró en la cama y se tiró sobre ella mientras ambos reían. Todo era nuevo y emocionante. Johnny le confesó que estaba un poco nervioso. María estaba de acuerdo. Lo convenció para que la dejara cambiarse de ropa y se fue al vestidor.

Era el momento perfecto, así que Johnny fue rápidamente a su maleta y sacó la sortija. La escondió detrás de él y, sonriendo, gritó: "¡Date prisa! ¡No puedo esperar ni un minuto más!"

"¡Las cosas buenas se hacen esperar, Johnny Johnson", dijo ella. Finalmente ella se puso delante de él, con el marco de la puerta del vestidor a modo de bastidor. No podía estar más de acuerdo con ella.

Al ir caminando hacia él, él dijo: "Tengo una sorpresa para ti. Siéntate en la cama y cierra los ojos". Ella lo miró con cierta incertidumbre, pero cerró los ojos y se sentó. "Ahora, abre los ojos", dijo Johnny, intentando contener sus lágrimas. Estaba arrodillado delante de ella con la caja de terciopelo azul abierta en su mano.

María sonrió, pero no parecía tan sorprendida como él se había imaginado. "Oh, Johnny, es tan bonito. No tenías que hacer eso."

"¿Te gusta?"

"Sí que me gusta. Es precioso. Muchas gracias." Se puso la sortija y levantó la mano para mostrársela. Entonces se arrodilló a su lado, le puso sus brazos alrededor y lo besó. "Pero yo te amo más."

Al abrazarse, Johnny intentó ignorar el nudo de desilusión que tenía en el estómago. Había confiado en que el momento que había anticipado durante cinco años hubiera sido un poco más espectacular. Miró a su maravillosa novia y sonrió. *¿Y qué?* se dijo. *No has tenido tu momento, pero sigues teniendo la mujer de tus sueños. Olvídate.*

A la mañana siguiente, se despertaron temprano y se sonrieron a través de las almohadas. Pero un golpe de dolor se presentó en el paraíso de Johnny al recordar la sortija. "¿Estás segura de que te gusta la sortija?" volvió a preguntar.

"Por supuesto que me gusta, tontorrón". Ella lo besó. "Y te apuesto lo que quieras a que te echo una carrera a la playa y te gano". Saltó de la cama, se puso el bañador y corrió hacia el agua.

Johnny estaba justo detrás de ella gritando: "Deberías quitarte la sortija antes de que te metas en el agua".

"¡No pasará nada!", le gritó ella.

Al instante estaban en el agua, jugueteando salvajemente, chapoteando y riéndose con todas sus fuerzas. Pero cuando volvieron de la playa ¡la sortija había desaparecido!

Johnny se quedó estupefacto mirando la mano desnuda de María. De repente, se puso a llorar y se arrastró hacia el agua, llorando. No podía creer que hubiese desaparecido. Parecía inimaginable que aquello por lo que había trabajado tanto tiempo y por lo que le habían disparado, se había perdido para siempre. Cayó en la arena en extrema confusión. "Se ha ido… se ha ido para siempre", repetía.

Angustiada, María se arrodilló a su lado y le envolvió

con sus brazos. "Lo siento, Johnny. Por favor, no te enfades conmigo. ¡Podemos comprar otra sortija! Mis padres me darán el dinero. Encontraremos otra idéntica a la que me compraste. Todo va a ir bien. Por favor, no llores." Pero nada de lo que ella decía le consoló. Se sentía devastado. Había invertido una parte tan grande de su vida trabajando y protegiendo esa sortija para poder presentársela a *la mujer de sus sueños*. Pero, al final, para ella no significaba mucho más que un abalorio que podía ser reemplazado con facilidad. ¿Cómo podía hacerle entender que el verdadero valor de la sortija estaba en la sangre, el sudor y las lágrimas que tuvo que derramar para traerla desde el campo de batalla hasta la habitación?

CAPÍTULO 2

DESDE EL CAMPO DE BATALLA HASTA LA ALCOBA

Se quedaron sentados en la playa, con la brisa del océano soplando en su cabello mientras María intentaba consolar a Johnny. Finalmente, frustrada, le dijo: "Johnny, por favor ayúdame a entender por qué estás tan disgustado por una estúpida sortija".

A través de las lágrimas, Johnny empezó a relatar la historia de la sortija. Describió cómo había trabajado sin descanso, olvidándose de todo lo demás para ganar el dinero suficiente para comprar el anillo. Compartió sus experiencias en el ejército para proteger la sortija y cómo volvió para rescatarla del campo de batalla. Le dijo a María lo emocionado que estaba la noche de su luna de miel al darle algo que conllevaba un precio tan alto. Y después miró en sus profundos ojos verdes y dijo: "Tú serás siempre la mujer de mis sueños. María, era por ti por quien estaba luchando en realidad. La sortija era simplemente un símbolo de mi amor hacia ti. Siento que me haya puesto así por esto. Me supongo que estaba tan atrapado por el símbolo que se me olvidó la verdadera razón por la que había trabajado tanto para protegerlo".

María se quedó sentada un momento, sobrecogida. Era demasiado para asimilar, la idea de que esta sortija, de una manera tan extraña, les había unido, y de que el hombre con el que se había casado había hecho tanto y durante tanto tiempo para traérsela. Es como si, por primera vez, le estuviera viendo como era de verdad. María, de repente, atisbó el verdadero precio de la sortija, y la emoción le hizo sucumbir.

"Johnny...", intentó continuar. "Te amo con todo mi corazón. Nunca entendí el valor de la sortija. ¿Me podrás perdonar algún día? Fui tan tonta", dijo María que ahora lloraba sin control.

Él la abrazó, y tumbándose de espaldas la atrajo hacia sí. "¡Te perdono, María! De verdad que sí."

Al volver su cara para besarla, vio, por el rabillo del ojo, algo que era traído con el oleaje a la orilla. Estaba brillando en la arena húmeda a 20 metros.

"¡María, María, mira!", gritó Johnny.

Se pusieron de pie de un salto y corrieron hacia el objeto. Ahí estaba, apenas visible por encima de la arena, *la sortija para la mujer de sus sueños*. Se inclinó, la cogió y sopló para quitarle la arena de encima.

Johnny empezó a recitar: "Con este anillo, yo te desposo, mi amada María, en lo bueno y en lo malo, en la riqueza y en la pobreza".

Ambos se rieron como niños pequeños mientras él deslizaba la sortija por el dedo de ella.

María cogió la cara de Johnny entre sus manos y dijo: "Johnny, ¡gracias a Dios por las segundas oportunidades!".

El precio del amor

María había sido criada como la mayoría de los chicos. Sus padres le habían dado todo lo que quería a lo largo de su vida, por lo que había sido privada de la maravillosa experiencia de tener que luchar o trabajar para conseguir algo precioso, valioso o poderoso. Necesitó un tiempo para poder hacer que su cerebro entendiera que la sortija no era un mero artículo bonito de joyería sino que era una señal del amor que Johnny le tenía. Cuando Johnny estaba dejándose el pellejo, no lo estaba haciendo para conseguir una piedra, sino para tener el honor de ofrecerle un trozo de su corazón. Su regalo no podía ser reemplazado por dinero porque no había sido conseguido con riquezas. Por supuesto, pagó la sortija con dólares, pero cada billete era una señal legal de sus actos de sacrificio, pasión y dolor. Cuando Johnny volvió al campo de batalla, no lo hizo para proteger su inversión, sino para rescatar a su novia.

¿Estás entendiendo esto? ¿Entiendes que con cada acto de valentía, con cada hora de trabajo, con cada gota de sangre derramada, el valor de la sortija incrementaba? *Cualquiera puede dar algo caro, pero sólo aquéllos que entienden qué es el sacrificio pueden dar algo de valor.*

No se trata de aquéllos que crecen en familias ricas que luchan por entender el alto valor que tiene el amor. El mundo entero parece haber perdido de vista el valor incalculable del verdadero amor que surge de los corazones puros y de las almas inocentes.

Desvelar el misterio del anillo

La historia que acabas de leer es una alegoría, una parábola, por así decirlo. Johnny es el hijo de cualquiera y María es la hija de cualquiera. La sortija no es más que un símbolo de tu virginidad, pero ¡la batalla es real! *Tu virginidad es un tesoro que ha sido escondido en el cofre de tu*

vida, protegido por el casco de tus virtudes, valores y principios.
La pureza es como la sortija de la parábola porque es
una manifestación de algo más profundo, algo que vale
mucho más que su belleza intrínseca. Como la sortija, la
virginidad es bella en sí misma, pero no tiene color frente
a las aguas cristalinas y maravillosas del corazón puro del
que emana la virginidad.

El campo de batalla

Como ocurre con cualquier fortuna, siempre hay una verdadera lucha para mantenerla en manos de su propietario
legal. De hecho, este tesoro adquiere el valor de acuerdo
con la lucha que se tiene para llevarlo desde el campo de
batalla hasta el dormitorio de la luna de miel. Cuanto
más grande es la batalla, más significativa será tu pureza
cuando, por fin, te acuestes al lado de tu amante. Esta es la
razón por la que tienes un impulso sexual antes de poder
tener sexo, para que le des a tu amante algo por lo que
tuviste que luchar. ¡Pero la batalla no acaba la noche de la
luna de miel! ¡De ninguna manera! La estrategia cambia,
pero la batalla continúa a medida que luchas para mantener tus afectos impolutos e incontaminados para la mujer
o el hombre de tus sueños en medio del pozo del oscuro
mundo que ha intercambiado el amor por la lascivia.

Las maravillosas noticias son que estés casado o no,
la lucha para mantenerte puro tiene un propósito divino.
Hay una historia antigua de un rey rico y viejo que se
llamaba David que nos ayudará a ilustrar lo que acabo
de decir. Este rey metió la pata de manera soberana y la
lió con su Dios. Un profeta llamado Gad vino a la casa
de David y le dijo que si quería arreglar su relación con

Dios, tenía que construir un altar en la propiedad de un tipo llamado Arauna. Así que el rey fue a la casa de este hombre y le dijo que quería comprarle su terreno para poder dedicar la tierra a su Dios y edificar un altar en ese terreno. Pero Arauna era un hombre generoso y le dijo al rey David que se podía quedar con el terreno sin pagar nada. Aquí es dónde la historia se hace muy profunda. David le dice algo sorprendente a Arauna. Le dice, en pocas palabras: "Te compraré tu terreno por el precio total porque no ofreceré a Dios algo que no me cueste nada" (ver II Samuel 24:18-24). Como Johnny, el rey entendió que tenía que darle a Dios un trozo de su alma y, por lo tanto, que le tendría que costar algo. La propiedad se convirtió en una metáfora, una carta de amor, una señal externa de una pasión interna. Verás, *el verdadero amor germina en el terreno del sacrificio, brota en el jardín de la entrega y madura en un matrimonio de servicio. El amor no es tal hasta que entregarlo te cueste algo.*

Adquirir trofeos

Toda esta idea de pagar un precio que no se mide en dólares me hace pensar en los trofeos. En nuestra cultura, les damos trofeos a las personas por todo tipo de cosas: competiciones académicas, combates, esfuerzos humanitarios y logros musicales y artísticos. Pero estos trofeos, como la sortija o el terreno de Arauna, son significativos porque representan el alto coste del sacrificio. Así, lo significativo de estos trofeos no son los trofeos en sí mismos, sino las historias que representan: las historias de victoria, de trabajo duro, de excelencia, de creatividad y de sacrificio. Sin esas historias, son meros pedazos de metal, plástico, pintura o tela.

Esto se me hizo muy real hace unos meses. Era un domingo por la mañana. Mi nieto de 7 años, Elías, entró corriendo en la habitación llevando un trofeo y gritando, "Abuelo, abuelo, ¡mira lo que he ganado! ¡Mira lo que he ganado!". Acababa de terminar la primera temporada de fútbol y, junto con ella, había gustado la victoria por primera vez.

Miré al trofeo de plástico y dije: "Elías, eres tan sorprendente. Estoy tan orgulloso de ti".

Estaba deslumbrante. "Lo sé", me dijo con orgullo.

El trofeo no había costado más de un par de dólares, pero los trofeos nunca se valoran por el dinero que cuestan. ¿Habéis oído alguna vez a alguien que haya ganado el campeonato de la NBA, de las Series Mundiales, de la "Super Bowl" hablar acerca del precio del trofeo? De ninguna manera, porque el valor del trofeo no se mide en dinero. Ningún atleta compite por el precio del trofeo porque *no es el trofeo el que le da valor al juego; es el juego el que determina el valor del trofeo.*

Como todos sabemos, algunos juegos son más significativos y algunos trofeos tienen más valor que otros simplemente a causa del mayor precio que tuvieron que pagar los jugadores para ganarlos. Por ejemplo, uno de los trofeos de más valor en la historia del deporte se ganó en el campeonato de la NBA de 1997. El 11 de junio, los Chicago Bulls jugaron contra los Utah Jazz. En el quinto juego de los "playoffs" los Bulls estaban perdiendo y sólo quedaban 48 segundos de partido. Para empeorar las cosas, la superestrella de los Bulls, Michael Jordan, estaba jugando con fiebre. Tenía una gripe severa que le hacía ir continuamente al borde del campo para vomitar. Cada vez que había tiempo muerto, los doctores le atiborraban a líquidos de manera intravenosa. Pero, a pesar de las circunstancias que tenía en su contra, Jordan volvía a la carga, anotando 38 puntos y robándole el juego a los Utah Jazz en los segundos finales del partido. A lo largo del último cuarto, toda la multitud, incluyendo a muchos de los fans de los Utah Jazz, estaba de pie y animando a Jordan. Los Bulls ganaron el campeonato en seis partidos.

Otro trofeo muy valorado fue la medalla de oro del campeonato de Jockey de los juegos Olímpicos de 1980. Los estadounidenses no habían ganado la medalla de oro en años. El equipo ruso, que tenía gran experiencia, era el gran favorito muy por encima del joven equipo americano. Pero, contra todo pronóstico, los estadounidenses lucharon hasta llegar a las semifinales jugando contra los rusos, y cuando terminó el juego, los estadounidenses habían ganado. El equipo estadounidense terminó batiendo al finlandés para conseguir la medalla de oro. El mundo entero estaba asombrado, y se celebró la victoria de Estados Unidos por todas partes. La mayoría de los estadounidenses nunca había visto un equipo de jockey. Pero este fue diferente, no se trataba de jockey; se trataba de personas que estaban yendo contra todo pronóstico, venciendo al oponente más poderoso, haciendo lo inesperado y conquistando el premio.

Dije hace un rato que el juego determina el valor del trofeo. Sabemos, a causa de la naturaleza del baloncesto o jockey profesional, que es una hazaña significativa de entrenamiento físico y trabajo en equipo el poder ganar la final de la NBA o de las olimpiadas. En estos juegos en particular, estos hombres pueden conseguir esas metas, y aún mayores, pagando un precio aún mayor que muchos de sus compañeros. Pero imagínate lo que le ocurriría a mi nieto, y a Michael Jordan, y a todos esos trofeos si alguien pudiese convencernos de que el fútbol, el baloncesto y el jockey no tiene ningún sentido, que son juegos sin más trascendencia que una competición de comer tartas o recoger palos. Michael, el equipo de jockey de los Estados Unidos, y mi nieto estarían jugando a cualquier otro juego y los trofeos estarían recogiendo polvo en algún sótano.

Tristemente, vivimos en una cultura que no premia la pureza sexual. El desafío de "guardar tu virginidad" o de "guardar el sexo para el matrimonio" se ha quedado desfasado y la consideración de enfrentar un desafío así les suena a muchas personas como absurdo y hasta insaludable. Otros hemos crecido en ambientes estrictos y religiosos y hemos oído lo de "guardar la virginidad" durante años, pero sin una buena explicación al respecto. Estamos intentando jugar el partido, pero no hemos sido entrenados para ganar porque nadie nos está diciendo que hay un trofeo merecedor del precio que hay que pagar para conseguirlo.

Perdedores

Si has estado intentando atesorar tu virginidad y vivir una vida pura, seguramente te habrás dado cuenta de que esta es una batalla mayor que la de un partido. Para la mayoría de nosotros, atesorar nuestra pureza no es un ejercicio de autocontrol sobre nuestros impulsos sexuales. El mundo en el que vivimos es un campo de minas que nos está desafiando a que intentemos escalar el monte de la santidad. Estamos rodeados de mensajes atrevidos diseñados para que confundamos el amor con la lascivia, y estamos rodeados de un montón de gente que se han creído esas mentiras. Como resultado, la mayoría de estas personas engañadas no entienden ni siquiera que están en una guerra. Son corderos ignorantes en una tierra de lobos rapaces y están siendo devorados sin oponer ninguna lucha. Sucumben bajo la presión del grupo y bajo el poder de su impulso sexual, duermen con cualquiera, pierden su autoestima, y se preguntan por qué no les admira nadie. Cuando por fin encuentran a alguien especial, no tienen nada de valor que entregarles porque ya han sido usados. Su trofeo se ha hecho añicos y su pureza se ha arrastrado por las calles de la presión del grupo y de la pobreza. Su corona ya no existe, ha sido pisoteada por la muchedumbre y ha perdido su brillo a causa del fuerte sentimiento de culpa que perdura mucho después de que se haya marchado su amante, llevándose con él otro pedazo de su corazón.

Por supuesto, la mayoría de estas personas se aferran a esta versión de la sexualidad porque están buscando el amor y el romance. Pero está siendo impulsado por la lascivia, no por el amor, y, en vez de tener corazones satisfechos, les deja retorcidos y hasta más hambrientos que antes. De esta manera, la búsqueda que, para tantos, empezó como una aventura emocionante termina en noches de soledad y días de dolor. El remordimiento le abre el camino a la negación con el paso del tiempo y así empieza un ciclo de dolor ahogado. En su esfuerzo por negar el daño producido en sus vidas a causa del sexo ocasional, la mayoría de la gente no sólo debe seguir diciéndose que está bien, sino que también tiene que echar por tierra a aquéllos que lo están haciendo bien. Esta es la razón por la que el mundo mira de soslayo a aquéllos que se están "guardando" para el matrimonio. No pueden soportar la idea de que algunas personas estén aferrándose a su trofeo cuando el suyo se ha desvanecido hace tanto tiempo.

Después de todo, las únicas personas a las que no les gustan los trofeos son a los que están perdiendo la partida. Para los que no pueden ganar un trofeo es una señal de que perdieron la carrera, de que se quedaron lejos de la meta o de que se rindieron demasiado pronto en la batalla. A los perdedores les gusta pretender que no les importan los trofeos. Les gusta reírse de las personas que juegan para ganar o que luchan por el premio y les apodan como "pelotas", "atletas de poca monta", "listillos". Pero la verdadera cuestión es que los perdedores no tienen lo que se necesita para competir y cada vez que alguien gana recuerdan que han perdido. Por lo tanto, los perdedores se esfuerzan para arrastrar a otras personas a su nivel para no tener que sentirse mal con ellos mismos. ¡A la miseria no le gusta estar sola!

Los ganadores juegan en equipos, los perdedores se esconden en las multitudes. Las multitudes casi nunca tienen ganadores porque los ganadores normalmente intimidan a las multitudes. Las multitudes a menudo sabotean su relación con los ganadores para no tener que aguantar a las grandes personas con un estándar alto que les recuerda sus miserables vidas de negación.

David y Goliat

La famosa historia de David y Goliat me recuerda al desafío de la pureza. David, que tenía unos 15 años y era el octavo hijo en su familia, tuvo que ir, por orden paterna, a llevar la comida a sus hermanos mayores al campo de batalla. Sus hermanos estaban en el ejército de Israel que se había estado escondiendo de Goliat durante 39 días. David llegó justo en el momento en el que Goliat se había puesto a hablar y a maldecir al ejército israelita desafiándole para que luchase contra él. Así que David le preguntó al que tenía a su lado quién era ese cabezón crecidito de más, mal hablado y fanfarrón y cuál era la recompensa por callarle la boca. Cuando Eliab, el hermano mayor de David, le oyó preguntar estas cosas le dijo que se fuese a casa a jugar con sus ovejas. Nadie quiere que su hermano pequeño mate a un gigante del que ha estado huyendo durante 39 días. *A veces, antes de poder vencer al Goliat de tu vida, tienes que vencer a tus propios hermanos* (ver I Samuel 17:1-58).

Esto es especialmente cierto en el caso de aquéllos que han subyugado su gigantesco impulso sexual y han hecho de la pasión su esclavo en vez de su señor. Muy pocas personas que han perdido su pureza en la batalla del Monte de "Acuéstate con quien sea" quieren rodearse de vírgenes que van mostrando su medalla de valentía.

De harapos a riquezas

A todos nos gustan las historias de "de harapos a riquezas", la chica pobre que triunfa o el perro callejero que venció al gran campeón. Admiramos a personas como la Cenicienta, que venció a su malvada madrastra, o a Ester, la chica esclava que se convirtió en una preciosa princesa que alteró el curso de la historia de un país extranjero. Pero a menudo nos olvidamos del hecho de que estas personas nacieron como perdedores y que podrían haber permanecido como tales. Cenicienta podría haberse convertido en una solterona amargada, jorobada debido a los años de trabajo duro. Y el temor de Ester la podría haber llevado a un inimaginable holocausto que hubiera incluido su propia desaparición. Pero se convirtieron en ganadores rehusando permitir que sus propias circunstancias, sus fracasos o acciones ajenas fuesen su porción en la vida, prosiguiendo hacia el alto llamado de amor, humildad, sacrificio y heroísmo. No permitas que tu pasado dicte tu futuro. Dios siempre está ahí cuando estás dispuesto a convertirte en un ganador. *No hay circunstancia que Él no se pueda imaginar, no hay mano que te den con la que Él no pueda ganar, ni ningún error que sea tan malo o pecado que sea tan grande del que Él no te pueda restaurar.*

El famoso apóstol Pablo sabía qué era ser un perdedor. De manera similar a los nazis de Alemania, asesinó a gente en nombre de la religión, arrastrándoles a las calles y apedreándoles mientras sus familiares observaban. Hirviendo con odio e ira, cazaba a la gente como si de animales salvajes se tratara, aterrorizó a mujeres inocentes y dejó a miles de niños huérfanos. Pero, después, un día vio la luz. En un abrir y cerrar de ojos su vida dio un giro y, de repente, se convirtió en un ganador. En medio de las peores batallas de su vida, escribió estas palabras de ánimo, "Que estamos atribulados en todo, mas no angustiados; en apuros, mas no desesperados; perseguidos, mas no desamparados; derribados, pero no destruidos" (II Corintios 4:8-9 RV60).

Si has fracasado en tu batalla por la pureza, no te desanimes. Ve al último capítulo y lee la historia de Grace.

La historia de Jill

Fui al instituto al principio de la década de los setenta, en medio de la llamada "Revolución Sexual". El lema de nuestras vidas era, "Si no puedes estar con la persona que amas, ama al que está contigo"[1]. Por supuesto, esa canción no tenía nada que ver con el amor. En realidad quería decir: "Acuéstate con quien puedas; no seas fiel a nadie". Había un par de miles de chicos en nuestro instituto, pero creo que se podían contar con los dedos de las manos los que eran de vírgenes.

Jill Jones (este no es su verdadero nombre) era la chica más popular de la escuela. Era preciosa, con una larga melena rubia, ojos azules y un gran tipo. Siempre era la mejor vestida de las instalaciones. Nuestra escuela tenía una gran diversidad étnica, el perjuicio estaba a la orden del día, pero el favor de Jill, de alguna manera, trascendía la tensión racial. Todos la querían y respetaban. Pero lo más sorprendente de Jill es que era virgen, y ¡todos lo sabían! Se movía como si fuese de la nobleza, como una princesa, como alguien especial. La quería como a una hermana y la tenía en gran estima.

Un día estaba en los vestuarios vistiéndome después de la clase de gimnasia y oí cómo hablaban dos chicos. Uno dijo: "Anoche me llevé a Jill Jones a una fiesta. La emborraché y me acosté con ella. (Como te podrás imaginar, lo dijo de manera más gráfica).

El otro dijo, "¡Vaya! Menudo gol".

Yo estaba sorprendido. No sabía qué pensar o decir. Me fui corriendo a casa, me tiré en la cama y lloré durante horas. No estaba seguro por qué estaba llorando, pero mi corazón estaba roto, y mi dolor me dejó sin palabras. Al mirar atrás, entiendo que Jill era nuestra esperanza. Era un faro en medio de una mala tormenta, un monumento a lo imposible. Era la solitaria figura en la batalla por la justicia y, en secreto, muchos de nosotros que todavía éramos vírgenes o que queríamos que la pureza fuese restaurada, estábamos animándola para que ganase.

Pero las cosas empeoraron. Un par de meses después, Jill empezó a vestirse desastradamente. Su anteriormente vibrante rostro estaba ahora surcado por la tristeza y el dolor. Su confianza desapareció y fue reemplazada por una cabeza siempre baja, a causa de la vergüenza, cubierta por una melena descuidada. Pronto empezó a fumar y a salir con los de las drogas. Había perdido su autoestima y había dejado que su trofeo cayera. En vez de volverlo a coger, lo pisoteó y lo hizo trizas.

Vi a Jill en nuestra reunión de clase treinta años después. Ya iba por su tercer matrimonio y se había arrastrado por la ciénaga de la vida, destrozada por hombres crueles, vagabundos sin virtud alguna. Pero, menos mal, me enteré de que su historia no terminó ahí. Más adelante, Jill encontró al Señor. Él le dio la fortaleza que necesitaba para salir de la ciénaga de una existencia miserable. Él la limpió, recuperó su pureza y restauró su trofeo. Ahora, su belleza atemperada por el paso del tiempo era mayor. Pero había vuelto su autoestima, su manera aristocrática de caminar y el destello de la realeza brillaba en su mirada.

Nunca olvidaré a Jill. Para mí es más que un bonito recuerdo. Es una lección para toda la vida, una parábola de riquezas a harapos y de harapos a riquezas. Siempre estará como monumento en mi memoria; como un monumento a la destrucción que pueden causar la lascivia y la vergüenza, pero, lo que es más, como un testimonio al mayor poder del verdadero amor y de la gracia.

Nota

1 Crosby, Stills, Nash, and Young, "Love the One You're With" (letra y música de Stephen Stills), *4 Way Street (Live)* (Atlantic/Wea Records, 1971, 1992).

CAPÍTULO 3

LA GRAN HUÍDA

Era 1969, la cumbre de la revolución sexual, yo era estudiante del primer curso de la secundaria en la zona de la Bahía de San Francisco. Una de las chicas más populares de la secundaria se sentaba a mi lado en la clase de álgebra. Entonces no tenía ni idea de que gracias a ella iba a terminar suspendiendo algebra.

Mary (éste no es su nombre real) era la capitana de las animadoras de JV. Tenía pelo castaño, ojos azules y un tipazo. No le podía quitar los ojos de encima. La mente se me ponía en blanco cada vez que estaba cerca. Estaba tan colado por ella que cada noche me acostaba imaginándome cómo sería el pedirle que saliera conmigo. Pasaron varios meses y, por fin, me atreví a caminar con ella hasta el aula. Parecía ser tan sorprendente. A medida que pasaban los meses, yo cada vez estaba más confiado y llegué a atreverme a pedirle que fuese mi novia. ¡Dijo que sí! No me podía creer que estaba saliendo con una de las chicas más populares del lugar.

Un día le dije a Mary que la llevaría a casa, que, me enteré después, estaba a 3,2 kilómetros de la escuela y en dirección opuesta a la mía. Cuando sonó la campana ese día, fui corriendo hacia su aula para encontrarme con ella. Estaba tan emocionado. Cuando salió de la clase, me ofreció su mano. La tomé y empezamos a caminar hacia su casa. Me sentía espectacular mientras íbamos por la concurrida calle cogidos de la mano. A medida que nos acercábamos a su casa parecía como si el tiempo se hubiese parado.

"Mis padres no están en casa hoy", me dijo Mary con una sonrisa tontorrona.

No podía entender por qué me estaba informando sobre el horario de sus padres. Estaba tan intoxicado con ella que sus comentarios pasaban inadvertidos. Finalmente llegamos a la entrada de su casa.

"Mis padres se han comprado una cama de agua", me dijo volviendo a romper el silencio.

Ahora me está informando sobre su mobiliario, pensé. Para mí no tenía ningún sentido. ¿Estaba intentando romper el hielo o de verdad había algo significativo con el mobiliario nuevo de sus padres? No lo entendía.

Caminé con ella hasta la puerta de su casa y nos quedamos en el porche mirándonos a los ojos. Al inclinarme para darle un beso de despedida, me dijo en un tono muy seductor: "¿Te gustaría probar la cama de agua nueva de mis padres?".

Sus palabras me golpearon como si fuesen una tonelada de ladrillos. ¡Estaba asombrado! Me quedé ahí mirándola. Intenté balbucear algo, pero mi boca no estaba cooperando. No sabía qué pensar. No era que no la quisiera, ay, madre, la deseaba un montón. Pero había algo en mí que no quería que esto fuese así. Mi mente estaba inundada con pensamientos que parecían venir a mí desde cientos de direcciones diferentes y mi alma estaba sobrecogida por la emoción. Mi corazón estaba latiendo a toda fuerza. Parte de mí estaba diciendo, *Una de las chicas*

*más populares del mundo te acaba de invitar a que tengas sexo
con ella. Estás a punto de convertirte en uno de los chicos más
populares de la secundaria. Acabas de dejar atrás el porche de
la pureza y vas corriendo con los grandes.* Pero otra parte de
mi mente estaba gritando, *Sal de aquí mientras puedas. Te
has estado guardando todos estos años. ¡No dejes que esta mujer
destruya tus valores!*

La lucha interior era intensa. Estuve ahí parado durante una eternidad, o eso parecía. Después, sin previo
aviso, salí corriendo. Corrí los 6,4 kilómetros sin parar.
Estaba tan avergonzado y confundido. Casi no pude dormir esa noche, preguntándome lo que estaría pensando
de mí, y lo que era más importante, qué le iba a decir a
todos nuestros compañeros. Me imaginé un cartel sobre
el césped de la escuela que decía, "KRIS VALLOTTON ES
UN TONTO". A la mañana siguiente, no pude hacerme
con el coraje necesario para ir a la escuela y, por consiguiente, me hice el enfermo durante el resto de la semana
y me quedé en casa. Cuando volví al instituto, no fui a
clase de álgebra en lo que quedó de año para no tener que
encontrarme con Mary.

Menos mal que no volvió a mencionar este incidente
en los tres años que seguimos yendo al mismo instituto.
Nunca hubo ni el más mínimo rumor sobre todo el incidente y los amigos que teníamos en común nunca me
dijeron nada. Mirando atrás, pienso que Mary estaba más
preocupada con que yo la pusiese en evidencia que yo con
que me llamase tonto.

Pero cinco años después, en mi noche de luna de miel
en Santa Cruz, California, en una habitación de hotel
con vistas a la playa, tenía una perspectiva totalmente

distinta. Esa noche no me sentí como un tonto para nada. De hecho, me sentí como un campeón. Había resistido a Mary, había ido en contra de los elementos sociales y había escapado del abismo de la destrucción. Hasta el día de hoy, no he conseguido averiguar si fue intervención divina, mi deseo de permanecer puro o el crudo temor al fracaso lo que me hizo salir corriendo, pero, fuera lo que fuese, puedo decir con toda honestidad y gratitud que sólo he tenido sexo con una mujer en toda mi vida: la mujer de mis sueños, mi esposa desde hace 35 años, Kathy.

Vivir con un propósito

Aunque pude escapar de la trampa de la promiscuidad en la secundaria, estoy muy al corriente del papel que ha jugado la Revolución Sexual y de cómo ha cambiado el rumbo de la moralidad de nuestra cultura. La mayoría de las personas al crecer en nuestra sociedad se enfrentan a muchas más oportunidades para ser promiscuos de a las que yo me enfrenté, y mientras crecemos nuestro sistema educativo persigue de manera apasionada el cauterizar nuestra conciencia y hasta deshacernos de nuestras convicciones naturales sobre el sexo. Por esa razón, creo que los jóvenes de hoy en día necesitan más cosas que yo para su arsenal a la hora de navegar en esta cultura sexual. En pocas palabras, necesitan una visión.

Hay un antiguo proverbio hebreo que dice: "Donde no hay visión, el pueblo se extravía; ¡dichosos los que son obedientes a la ley" (Proverbios 29:18). La traducción de la Biblia, The Message Bible, dice: "Si la gente no puede ver lo que Dios está haciendo, se tropieza consigo misma, pero cuando presta atención a lo que Él revela, es muy bendecida". Tal vez preguntes: "¿Qué tiene eso que ver con la pureza?". Una buena pregunta. Cuando el Buen Libro habla acerca de la *ley*, no se está refiriendo simplemente a los Diez Mandamientos. Está hablando de una manera más general acerca de la *ley de la restricción*. En otras palabras, cuando tenemos una visión para nuestras vidas, restringimos nuestras opciones para capturar esa visión. Pero si no tenemos visión, perecemos porque terminamos empleando toda nuestra energía ya sea en encontrar placer o en intentar alejarnos del dolor.

Es posible que ayudase más si te diese un ejemplo. Digamos que me canso de estar gordo y decido que quiero tener un gran tipo. Total que voy al gimnasio local y hago ejercicio durante un par de horas. A la mañana siguiente, me despierto sintiéndome como si me hubiera atropellado un camión Mack de gran tonelaje. Sólo hay una cosa que va a hacer que vuelva al gimnasio día tras día: visualizar un cuerpo excelente. Pero sin una visión, seguiré saboteando mi salud rindiéndome ante el deseo de estar cómodo. *¡La visión le da al dolor un propósito!* Es la visión la que hace que restrinja la cantidad de alimento que como, confeccione un horario diferente y vuelva a dar prioridad a esas cosas que consiguen el sueño de tener un gran cuerpo. Nunca voy a conseguir un gran cuerpo por el mero hecho de no querer estar gordo. Es la visión la que me da la fuerza para reorganizar mi vida para que pueda conseguir mis metas.

Una de las decisiones más grandes que tenemos que tomar en lo que respecta a la visión es cómo nos vemos. Por lo tanto, la gran pregunta es: ¿Quién piensas que eres? Nuestro comportamiento surge de la visión que tenemos sobre nosotros mismos. Una vez hayamos decidido *quién* somos, actuaremos, nos comportaremos y tendremos una actitud que manifieste de manera natural a esa persona. Pero si no respondemos a esta pregunta en nuestros corazones, entonces hay dos cosas que ocurren en la mayoría de los casos. Primero empezamos a buscar en otras personas la respuesta sobre quién somos. Esto hace que nos convirtamos en lo que otros necesitan que seamos para satisfacer su imaginación. Pronto nos encontramos en esa peligrosa dinámica de forjar relaciones íntimas con las personas para poder obtener de ellas la fuerza y autoestima que necesitamos. No quiero decir con esto que no nos puedan animar, pero si vivimos para satisfacer la visión que alguien tiene sobre nosotros, transferimos la responsabilidad de nuestras elecciones a otra persona. Esto hace que empiece un patrón de comportamiento poco saludable en el que agradamos a la gente en vez de vivir por las virtudes arraigadas en nuestra visión personal.

Esto es especialmente cierto en las relaciones románticas. Es de suma importancia que respondamos a la pregunta, "¿Quién soy?" *antes* de iniciar una relación romántica con alguien. Si no lo hacemos así, la relación será codependiente en lugar de interdependiente. Una relación codependiente se crea en el momento en el que nuestra felicidad, bienestar o identidad dependa de manera predominante de otra persona. Cuando cedemos a cualquiera este lugar en nuestras vidas, obtiene tanto poder en esa relación que usurpa el lugar de Dios. Esto ocurre frecuentemente cuando perdemos de vista quién somos y empezamos a crear una lista de expectativas que queremos que otros cumplan para sentirnos importantes, significativos o poderosos. Pero nadie nos puede hacer felices de verdad ni hacer que nos sintamos importantes durante demasiado tiempo. La felicidad es una tarea interna y ser alguien verdaderamente significativo se consigue cuando nos responsabilizamos de nuestro propio mundo interior.

El segundo efecto de no tener una visión para nosotros mismos es que vivimos sin restricción. Nuestro comportamiento se ha convertido en el esclavo de nuestras emociones y éstas son ahora el amo que dicta cuál ha de ser nuestro comportamiento. Nuestro lema se convierte en, "Si te gusta, hazlo", y casi nunca consideramos cómo el comportamiento de hoy está afectando al destino de mañana, sin mencionar a las vidas de los que amamos.

No hay terreno intermedio en este asunto de la identidad. O nos responsabilizamos de llegar a conocernos y tomamos decisiones que sean congruentes con quién somos, o entregamos esa responsabilidad a otras personas, nuestros impulsos físicos u otras influencias circunstanciales. Cuando hacemos esto último, no podemos evitar el acabar esclavizados, controlados por fuerzas externas. Pero cuando tenemos una visión para nuestras vidas, nos convertimos en personas libres a medida que vivimos de nuestras virtudes para poder capturar nuestra visión. La gente libre puede soportar la libertad porque ha desarrollado el carácter necesario ejerciendo la restricción dictada por sus virtudes. No son esclavos de sus deseos físicos, más bien, pueden entrenar a sus cuerpos para que se comporten como para poder satisfacer los deseos más sublimes que han sido creados por sus virtudes.

REVOLUCIÓN MORAL

La cuestión es que la lucha por tu virginidad es tan fuerte que vas a tener que hacerte con una visión de tu pureza para poder ganar. Quiero decir, debes decidir que quieres ser virgen *antes* de empezar a buscar al hombre o a la mujer de tus sueños. No puedes esperar, sin más, hasta que las ventanas del coche estén empañadas para decidir quién vas a ser.

Vivir desde tus virtudes

Hace años leí un libro acerca de la vida de Benjamín Franklin. El autor relataba que Franklin decidió quién quería ser a muy temprana edad, y escribió 13 virtudes para que le guiaran en todas las decisiones que tomara para poder llegar a convertirse en esa persona. Benjamín Franklin no quería que sus emociones, ni sus circunstancias, ni la presión de agradar a los demás fuese lo que determinase su destino, ni definiese su persona, ni dictase su legado[1]. Me sentí tan inspirado por la idea de que podía vivir desde mis virtudes en vez de vivir desde las circunstancias de mi vida que escribí mi propia lista de virtudes. Fue muy emocionante el proceso de visualizar para lo que había sido creado y llamado a ser para después escribir las virtudes que me capacitarían para convertirme en esa persona. Aquí encontrarás algunas de mis propias virtudes—tal vez ayuden a inspirarte también:

- Serviré a Dios primero y le honraré siempre, tanto en la vida como en la muerte.

- Seré honesto, leal, digno de confianza y hombre de palabra, sin importarme el precio.

- Mantendré mis valores a pesar de lo mucho que me cueste y, si fracaso, seré rápido en arrepentirme.

- Trataré a todas las personas con respeto, sean amigos o enemigos, porque han sido creadas a la imagen de Dios.

- Lucharé por servir a todas las personas, a pesar de sus opiniones, actitudes o persuasiones y a pesar de cómo me traten a mí.

- Seré leal a mi esposa, tanto en pensamiento como en hecho hasta la eternidad.

- Viviré para bendecir y capacitar a las generaciones venideras y dejaré una herencia tanto en el Espíritu como en lo natural para las próximas tres generaciones.

- Nunca trabajaré por dinero ni me venderé a ningún precio. Sólo me veré motivado para hacer lo que creo que es lo correcto y recibiré mi sustento de Dios. Prometo ser generoso sin importarme cuáles sean mis circunstancias.

- Viviré mi vida para sacar lo mejor que hay en la gente y para traerles a un encuentro con el Dios vivo y real.

Las virtudes nos ayudan a vivir desde dentro hacia fuera en vez de a la inversa. Ya no vivo usando el estándar de nadie. Más bien, vivo gracias a valores que guían mis actitudes que, a su vez, determinan mis elecciones. Las elecciones dictan mi comportamiento. Mi comportamiento se convierte en una manifestación de mi personalidad y mi personalidad me lleva a mi destino.

Establecer límites

Una vez hayas decidido quién se supone que debes ser, la vida es mucho más sencilla. Todo lo que tienes que hacer es vivirla como si lo creyeses. Sabrás cuánto crees de verdad en tu destino cuando *empieces a tratarte* de acuerdo con tu propia visión.

Les comunicas a otras personas cómo deben comportarse en tu presencia por la manera en la que te tratas a ti mismo. Por ejemplo, si voy a tu casa y el lugar está hecho un cisco (el césped está sin segar y el interior de la casa está lleno de basura), me dice lo que es aceptable en tu hogar. Es posible que no ponga mis pies sobre la mesita del cuarto de estar de mi casa, pero casi seguro que lo haré en la tuya. Por otra parte, si eres un gran cerdo y vienes a mi casa y el lugar está impoluto, el ambiente que he creado a mi alrededor dicta cómo debes comportarte cuando estés en mi presencia. En otras palabras, en la mayoría de los casos, la gente te trata de la misma manera como te tratas a ti mismo. Si te tratas como si fueses basura, estás invitando a las demás personas a que hagan lo mismo. Si te mueves como si fueses un príncipe o una princesa, los demás también se relacionarán contigo como si lo fueses.

No puedo recordar con cuántas personas he hablado a lo largo de los años que dicen cosas como, "Nadie me respeta", "No le gusto a nadie" o "Nadie quiere ser mi amigo". De lo que no se dan cuenta es que ellos ni se gustan ni se respetan a sí mismos. No son buenos amigos de sí mismos, pero quieren que los demás sí lo sean. Eso nunca funciona. Le decimos a las personas lo que deben pensar de nosotros mismos, no tanto con nuestras palabras como con el ambiente que creamos a nuestro alrededor y por la manera en la que nos cuidamos.

Por supuesto, siempre hay unas pocas personas en el mundo que son tan miserables que les encanta tirar basura a los jardines de otras personas y ensuciar sus casas, metafóricamente hablando. Es por esto por lo que tenemos que poner ciertos límites en nuestras vidas que no permitimos que nadie traspase, ni nosotros mismos. Estos linderos son las leyes que rigen la lucha y las leyes de la restricción son dictadas por nuestras virtudes. Podemos desarrollarlas para proteger nuestra inversión en la persona que estamos tan arduamente intentando manifestar.

Comunicamos dónde están los postes de nuestra valla de varias maneras. Para empezar, los damos a conocer mediante las palabras que hablamos y las palabras que estamos dispuestos a escuchar. En segundo lugar, los compartimos por la manera en la que nos comportamos y por la manera en la que permitimos que los demás se comporten en nuestra presencia. Son especialmente visibles en las decisiones que tomamos cuando estamos bajo presión. Y, finalmente, definimos nuestros límites a través de las personas con las que decidimos pasar tiempo y a las que permitimos que nos influyan. La Biblia dice: "No se dejen engañar: «Las malas compañías corrompen las buenas costumbres.»" (I Corintios 15:33). Es cierto que se nos conoce por las amistades que mantenemos. Eso no quiere decir que no podamos tener amigos que estén hechos un lío, pero lo que debemos preguntarnos es: "¿Quién está influenciando a quién?". Si nuestros amigos rehúsan guardar nuestros límites, entonces *debemos* informarles de que su comportamiento es inaceptable. Si continúan actuando como idiotas, entonces tenemos que decidir por qué pensamos que tener relaciones con personas que no respetan nuestros valores nos convierte en genios.

La verdad es que algunos de nosotros estamos tan necesitados que mantenemos las amistades sin importarnos el precio. El problema es que una vez que hayamos cultivado una reputación de ser de aquéllos que se juntan con personas que permiten que su propia lascivia les controle, es difícil convencer a personas sanas de que somos dignos de su amistad. Seguramente nos rechazarán para guardarse a sí mismas de ser succionados por nuestro círculo de influencia. Esto crea un círculo vicioso en nuestras vidas en el que seguimos relacionándonos con personas que no tienen visión, límites, integridad ni respeto hacia sí mismos porque ninguna otra persona quiere estar con nosotros. Una vez más, si permitimos que personas que constantemente violan nuestros valores y rompen nuestros límites estén cerca de nosotros, necesitamos preguntarnos por qué estamos con ellos. Creo que muchas veces no tenemos lo que se necesita para mirarnos en el espejo y hacernos las preguntas difíciles y reveladoras que nos guiarían a un verdadero cambio en nuestras vidas.

Ir de pesca

Donde vas de pesca para encontrar el romance y el cebo que utilizas para pescar una pareja dice mucho sobre las virtudes por las que te guías. Si estás pescando en aguas infectadas de tiburones de bares y juergas, especialmente si pescas con el cebo que sólo atrae a los tiburones, por favor, no te sorprendas cuando pesques un pez martillo. El tipo de cebo que utilices normalmente determina el tipo de pez que vas a pescar. Mujer, si estás pescando hombres utilizando tu pecho, trasero u ombligo, estás pescándolos por medio de la estimulación de su impulso sexual. El impulso sexual de un hombre se inspira principalmente a través de la vista, a diferencia del de las mujeres que se ve estimulado principalmente a través del tacto. Si usas este tipo de cebo, probablemente pescarás un hombre que no está viviendo según las virtudes y los valores que respetas sino uno que piensa con su pene.

En contra del estereotipo popular que se encuentra en nuestra cultura, hay hombres que son puros. Han entrenado sus cuerpos y sus mentes para obedecer a los límites requeridos por las virtudes a las que se aferran. Y se verán atraídos por una mujer de características similares. Cuando te vistes de manera provocativa, un hombre virtuoso cree que estás principalmente interesada en atraer sexo y no en una relación respetuosa. Los tipos que desean una mujer que tiene valores, virtudes y armas que van más allá de la alcoba, no se van a sentir atraídos por alguien que va pescando tiburones. De hecho, estás torturando a los hombres virtuosos que están a tu lado cuando te vistes como si fueras un maniquí de Victoria's Secret. Por lo que te tienes que hacer la pregunta: "¿Por qué me visto así?". ¿Está tu interior vacío, desnudo y en bancarrota y no tienes nada que ofrecer al hombre virtuoso?

Si no está a la venta, no lo anuncies

Tal vez sientas que eres admirada y que te prestan atención los hombres cuando exhibes tu cuerpo. Pero necesitas saber o recordar que esta admiración es totalmente superficial. Es el mismo tipo de admiración que tienen por cualquier otro *objeto* bello. Si quieres ser admirada y respetada por quién eres como persona, entonces necesitas presentar tu cuerpo físico de tal manera que envíe ese mensaje. Cuando la Reserva Federal recoge dinero de los bancos, no lo amontonan en un coche descapotable con la capota quitada y conducen por medio de la ciudad mostrándolo todo. No, en vez de eso, lo llevan en un automóvil blindado porque la mercancía tiene muchísimo valor. Podrían llevarlo a la caja fuerte más rápidamente en un Ferrari, pero hay mayor probabilidad de éxito en su tarea si lo llevan al banco en un camión blindado.

Mujer, la moraleja de esta historia es, *si no está a la venta, ¡no lo anuncies!* No quiero decir con esto que te tienes que aferrar al espíritu de la fealdad o que no deberías ponerte guapa, vestirte bien, y oler como un ramo de rosas. Lo que estoy diciendo es, sencillamente, que hay una gran diferencia entre estar guapa y ser sexy. Hasta la Biblia reconoce a las mujeres que eran extraordinariamente atractivas. Dice que la reina Ester y la esposa de Jacob, Raquel, "Tenían una figura atractiva y eran muy hermosas" (Ester 2:7 y Génesis 29:17). Tenían buenos tipos. No sólo eso sino en que el Buen Libro también reconoce a muchas otras mujeres a las que Dios denomina "hermosas". Por favor, no creas que estoy diciendo que te conviertas en una religiosa o en una mojigata. Lo que te estoy diciendo es que seas consciente de cómo presentas tu cuerpo. Lo hagas a propósito o no, tienes que saber que cuando te pones ropa ceñida, vestidos cortos, blusas escotadas, o blusas que enseñan el ombligo, no estás enviando el mensaje de que quieres atraer a la gente por quién eres. Más bien, les estás diciendo que quieres que te vean como un objeto sexual.

Por supuesto, seamos realistas, siempre hay aquellos insensatos que intentan robar el camión blindado aunque está blindado y, de la misma manera, todos sabemos que siempre habrá gentuza sin virtudes que logran hacer un objeto sexual de cualquier cosa con patas, sin importar cómo vista. Contra eso no se puede hacer mucho. A medida que vas creciendo como persona, menos te interesará la atención superficial. Comunicarás de una manera natural a los que te rodean que les respetas como personas y que esperas que ellos hagan lo mismo contigo.

Finalmente, si alguien quiere una relación duradera debería tener el sentido común de mirar a su alrededor y darse cuenta de que todo el mundo en el planeta está envejeciendo. La atracción física y el sexo por sí mismos no pueden ser el fundamento para tener una relación con cierta longevidad. Es sabio invertir en convertirse en una persona cuyas cualidades interiores seguirán haciéndose más fuertes y bellas a medida que madura. Piénsalo. ¿De verdad quieres vivir con alguien el resto de tu vida que se casó contigo por tu cuerpo? ¿Has considerado alguna vez la presión de lo que sería envejecer con una "vigilante de la playa"? ¿Qué va a hacer tu hombre cuando una mujer más hermosa esté a su alcance? ¿Te acuerdas de cómo le atrajiste? ¡Qué susto!

Ciertamente, los hombres se ven atraídos por mujeres que se interesan en ellos de una manera honesta y que ven el tesoro que se encuentra en lo profundo de sus corazones. La verdad es que la mayoría de los hombres se sienten bastante inseguros en la presencia de una verdadera princesa. Necesitan tener cierta seguridad de que ves algo de valor en ellos y de que crees en ellos. Lo que he observado a lo largo de los años es que las mujeres con el físico más atractivo no son las que se suelen casar primero. Lo que ocurre con mayor frecuencia, es que las mujeres que saben cómo hacer a los hombres sentirse especiales, valorados y dotados son las que capturan sus corazones. No es difícil hacer que un hombre se sienta así. El mero hecho de tomarse un interés honesto en alguien y hacerle las preguntas apropiadas para descubrir cuál es su verdadera pasión puede llegar muy lejos a la hora de romper las barreras del temor y de la inseguridad.

A veces, parece que las mujeres que son puras se protegen con muros de indiferencia y después se preguntan por qué los hombres no se interesan en ellas. No es necesario ser un frigorífico o comportarte de manera distante para proteger tu trofeo. Puedes ser agradable y amigable sin ser sexy.

Las mujeres que usan su sexualidad para atraer a los hombres lo hacen por una de tres razones, en mi opinión. Algunas son superficiales porque han relegado el beneficio de sus vidas a sus cuerpos y no han cultivado ninguna otra área de sus vidas. Otras tienen miedo a los hombres y han aprendido a temprana edad cómo controlarles a través de la seducción. Muchas mujeres que se criaron con padres iracundos o poco seguros, hermanos que abusaban de ellas u hombres que traían temor a sus vidas descubren el *secreto-no-muy-bien-guardado* de que pueden seducir a la serpiente de un solo ojo en estos hombres y subyugarles bajo un hechizo seductor. La tercera razón por la que algunas mujeres actúan de manera seductora es porque se hayan enamorado de alguien que destruyó su sistema de valores. Estas mujeres no entienden cómo establecer límites o, sencillamente, no tienen la fortaleza ni espiritual ni emocional para tomar una postura en lo referente a sus virtudes. En cualquiera de los tres casos, estamos tratando con personas que no están sanas. A no ser que quieras que sus problemas se conviertan en los tuyos, es posible que quieras reconsiderar invertir tu tiempo con ellas.

Un hombre con un plan

Hombre, todos los principios que he compartido con las mujeres también son aplicables para ti. Si permites que tus hormonas sean las que escojan una mujer por ti, al final te arrepentirás. Una verdadera princesa no se siente atraída por un presumido, ni por un vago, ni por un libertino. Está buscando a alguien que les muestre honor y respeto, un hombre que vaya tras ella como si de una joya de valor se tratase, no como un perro en celo. Es importante que la haga sentir segura, a salvo y protegida.

Hice una encuesta entre varias mujeres solteras y les pregunté qué cualidades aprecian más en un hombre. A continuación están sus respuestas en el orden que ellas establecieron:

#1 Integridad

Me gustaría tener una relación profunda con un hombre que tenga *integridad*; que eres quien dices que eres, lo que significa que no haces promesas que no puedes guardar. Metafóricamente hablando, es vital que no estés "escribiendo cheques" de manera física, emocional o espiritual si no tienes fondos en el banco para respaldarlos.

#2 Honestidad

Necesito un hombre que sea *honesto*, transparente y vulnerable, primero consigo mismo, después conmigo. Es doloroso cuando los hombres no son honestos y mantienen cosas en la penumbra. El fruto de un hombre honesto es lo que hace que me sienta segura.

#3 Confianza

Me encanta que un hombre sea confiado. La *confianza* unida a la humildad es una cosa maravillosa, pero el orgullo apesta. No necesito que tengas todas las respuestas, sólo necesito que confíes en el Señor y que no vivas en temor para que puedas dirigir bien nuestra relación. Cuando intentas conseguir mi corazón con confianza y con un plan para fortalecer la relación, mi confianza también crece.

#4 Sacrificio y Amor

Quiero un hombre que sea *sacrificado* y que sepa *amar* de manera que me sienta valorada. Quiero que me ayude a suplir mis necesidades aún cuando sea difícil, para saberme amada de manera incondicional en cualquier circunstancia de la vida.

Declaraciones generales de mujeres

Cuando un hombre se interese en mí, me gustaría que fuese a por mí con un plan. Si no está preparado para casarse, no quiero que intente conseguirme. No tiene por qué saber que se va a casar conmigo necesariamente, pero sí que tiene intención de conseguir esposa. No puede tener la mentalidad de que simplemente está pasándoselo bien con una chica guay con la que "tal vez acabe en serio". Tiene que perseguir mi corazón con un propósito. No me puede poner en la categoría de "amiga" si me trata como novia. Quiero saber cuáles son sus intenciones para no juzgar erróneamente entregándome más de lo que él me está pidiendo o esté dispuesto a darme a cambio. Los chicos tienen que asegurarse de que su nivel de intimidad sea paralelo a su nivel de compromiso.

Tener un mentor

Chicos, estar conectados con alguien que sea un ejemplo o un mentor es algo imperativo si se quiere tener éxito en estas áreas. Invitar a que alguien entre en tu vida con el que puedas ser auténtico y sincero, alguien que pueda abrir tu corazón en cualquier área es algo de inestimable valor. Muchos hombres esconden su debilidad esperando que nadie verá jamás su "verdadero yo". Pero esconder los fallos sólo da rienda suelta a que tu ciclo disfuncional continúe. Sólo cuando eres auténtico con Dios, contigo mismo y con los demás empezarás a estar sano y a encontrar la libertad y la vida completa que necesitas.

REVOLUCIÓN MORAL

Mi chica

Cuando estaba creciendo, tuve muchas novias en la escuela. Pero, ya que estaba luchando con una baja autoestima, normalmente me enrollaba con chicas que no se respetaban a sí mismas o que no tenían límites en sus vidas. Las chicas que se movían de manera honrosa me asustaban a más no poder. En consecuencia, a mi madre no le gustaba ninguna de las chicas que traía a casa. Me dijo que yo no sabía cómo encontrar una mujer de verdad. No tenía ni idea, la verdad. No sabía lo que me quería decir con eso. Fue en el verano de 1971 que una chica de 12 años vino a mi casa a devolverme algo que me había dejado en el lago donde la había conocido la semana anterior durante las vacaciones. La invité a que entrase durante unos minutos y se la presenté a mi madre. Después de irse, mi madre se volvió hacia mí y dijo: "Hijo, ¡esa es una chica con la que te puedes casar!".

"Venga, mamá", le dije de manera sarcástica, "tiene 12 años" (yo tenía 15 en aquél entonces).

"No me importa si tiene 10. ¡Sigue siendo una chica con la que te puedes casar!", me replicó.

A medida que pasaron las semanas, empecé a pensar en las virtudes que mi madre estaba intentando comunicarme para hacerme ver qué tipo de chica era merecedora de casarse conmigo. Muchos de los valores que estoy compartiendo contigo en este capítulo vienen de esas charlas que tuve con mi madre. Fue mamá la que reconoció las cualidades de una mujer de verdad en Kathy. Me señaló que Kathy no era egoísta, que me valoraba de verdad y que creía en quién yo era como persona. Podía darse cuenta de que Kathy era una persona sana, no alguien que necesitaba tener novio para mejorar su autoestima o clase social. No era seductora ni emocionalmente inestable, sino, más bien, era una chica confiada y segura de sí misma. Se respetaba y se movía con elegancia. A medida que pasaba el tiempo, seguí el consejo de mi madre y cinco años después me casé con esa chica. Han pasado 40 años desde que mi madre llamó a Kathy "alguien con quien me podía casar". Ahora sé, más que nunca, que mi madre tenía razón. Llevamos 35 años casados. Hemos viajado juntos por todo el mundo, hemos criado a nuestros cuatro hijos, hemos tenido ocho negocios y hasta hemos estado en la bancarrota una vez. Hemos salido de agujeros, nos hemos arrastrado por el río, hemos sido atacados por los cocodrilos de la vida y hemos sido tenidos por muertos más de una vez, pero nunca hemos tenido un mal día en nuestra relación (¡hemos tenido varias horas malas a lo largo de los años!). Nuestro matrimonio es como salido de un libro de historias infantiles y todo porque escuché a mi madre y obedecí a mi Padre celestial. He aprendido que los mismos valores que se necesitan para atraer a una mujer sana son las virtudes necesarias para mantener un matrimonio sano.

Una relación sana durante el noviazgo crea un fundamento fuerte para el matrimonio. No puedes edificar una mansión maravillosa sobre un fundamento podrido. Donde quiero llegar con todo esto es: no te cases hasta que hayas solucionado las cosas pendientes en lo que concierne a tu noviazgo. Algunas personas tienen un noviazgo que es un lío, y piensan que el matrimonio solucionará los problemas... ¡no! Los noviazgos enrevesados crean matrimonios enrevesados porque los temas del corazón que no se trataron en su momento siguen estando vigentes.

Claves

Mi convicción es que estamos viviendo en una generación que perece a causa de falta de visión y esa falta está conectada con el hecho de que esta generación no tiene padres. Partiendo de los niveles más básicos, recibimos nuestra identidad de nuestros padres. En particular, recibimos nuestra identidad sexual y nuestro patrón para relacionarnos con el sexo opuesto a través de nuestros padres. Por esta razón, solía decir algo a mis cuatro hijos adolescentes cuando iban a la búsqueda de sus parejas. Le dije a las chicas: "Observa cómo tratan a sus madres los chicos con los que salgas. Porque, una vez que pase la luna de miel, te cuidarán de la misma manera en la que cuidaban a su madre". Y a mis hijos les dije: "Presta atención a cómo interactúa tu novia con sus padres, porque en el momento que haya pasado la boda, así es como se relacionará contigo". Sigo creyendo que es un buen consejo para hoy. Por supuesto, siempre hay excepciones a esta regla. Pero en su mayoría, aprendemos a relacionarnos con el sexo opuesto a través de nuestros padres.

Otra cosa importante que hay que buscar en un compañero para toda la vida es el amor propio. Jesús dijo: "Ama a tu prójimo como a ti mismo…" (Marcos 12:31). En otras palabras, el estándar con el que te amas se convierte en la medida con la que amas a los demás. Pablo lo dijo de la siguiente manera: "Así mismo el esposo debe amar a su esposa como a su propio cuerpo. El que ama a su esposa se ama a sí mismo, pues nadie ha odiado jamás a su propio cuerpo; al contrario, lo alimenta y lo cuida, así como Cristo hace con la iglesia" (Efesios 5:28-29). La raíz del asunto es que si la persona en la que estás interesado no se ama a sí misma, esta persona no te amará cuando la luna de miel haya terminado. No estoy hablando acerca de ser egoísta. Sencillamente estoy diciendo que el estándar de tu amor hacia tu cónyuge serás tú mismo. Así pues, aprende a amarte porque Dios lo hace y Él siempre tiene razón.

Nota

1. http://www.ushistory.org/franklin/autobiography/page38.htm

CAPÍTULO 4

LAS REGLAS DE LA GUERRA: ¿QUÉ PASÓ MIENTRAS DORMÍA?

Recordarás cómo fue. Un día estabas montado en tu poni por la Avenida del Destino, yendo a tu rollo y, de repente, ¡BAM! Llegaste a la pubertad. ¡VAYA! De repente te tiran de ese poni y te montan en un pura sangre salvaje. Todo un mundo nuevo se abre ante tus ojos y empiezas a sentir cosas que, al mismo tiempo, parecían totalmente irracionales, daban miedo y emocionaban. Todo era tan raro y difícil de entender: la atracción, la pasión, el deseo ardiente de estar juntos, y el *creciente impulso sexual.* Cuando nuestros cuerpos empiezan a cambiar sin nuestro permiso, comenzamos a tener pensamientos y deseos que nunca antes habíamos imaginado, entender lo que está pasando es lo suficientemente difícil como para saber cómo nos tenemos que sentir con todo esto. ¿Deberíamos sentirnos culpables, o avergonzados, o es esto normal?

Para empeorar la situación, las reglas del compromiso parecen ir en contra de todas nuestras pasiones. Se nos dice: "Delante de Dios es pecado tener sexo antes del matrimonio. Podrías contraer una enfermedad, quedarte embarazada o hacer que alguien se quede embarazada, y arruinar tu vida". Por supuesto, siempre hay personas que te dicen lo opuesto: "Está bien, todo el mundo lo hace. Diviértete. Acuéstate con quien quieras. Es tu cuerpo y puedes hacer lo que quieras con él. Después de todo, ¿por qué te daría Dios un impulso sexual si no quisiera que tuvieses sexo?".

Obviamente, soy una de esas voces que te anima a que mantengas el sexo sólo en el matrimonio. En el nivel más básico, la elección de seguir los impulsos de nuestro deseo sexual sin tener ciertos límites tiene unas consecuencias muy serias, aún si logras evitar el embarazo y las enfermedades venéreas. Lo más común, como ya hemos visto, es que las decisiones que nos permiten ir adelante con nuestros impulsos físicos dejando que éstos nos gobiernen, es la receta perfecta para el desastre. Tenemos que fijar límites para saber cómo actuar con nuestros deseos si queremos permanecer sanos. La única manera en la que podemos delimitar estas barreras es entendiendo el propósito mayor de nuestras vidas. Es por esto por lo que te desafié en la última parte del capítulo anterior a que decidas lo que quieres ser y después a que identifiques y te comprometas con ciertas virtudes que manifiesten tu carácter y que guíen vuestro comportamiento, en especial cuando se trata del impulso sexual. Esa visión no se puede conseguir sin comprender ni tomar los pasos que nos dirigen a ella. Así que, en este capítulo, quiero hablar acerca del desarrollo de un plan para mantener la pureza, una estrategia para domar al pura sangre que llevas dentro. (Obviamente, si ya has decidido tener una vida sin virtudes, no necesitas leer este capítulo).

Ganar la batalla interior

Alguien dijo una vez: "El problema con la vida es que lo es *diariamente*". ¡Estoy de acuerdo! Muchos de nosotros tenemos grandes ideas en lo que respecta a nuestra vida, acerca de cómo será y cómo podemos tener éxito para conseguirla. Pero para la mayoría de nosotros, la lucha está en el caminar diario de nuestras convicciones—especialmente cuando llegamos al lugar donde pensamos de tal manera que nuestras *mentes* no violan nuestros *corazones*. A fin de cuentas, el verdadero éxito está en tu habilidad de gestionar tu vida interna, el reino secreto que vive dentro de ti. Es verdaderamente imposible controlar tu comportamiento de manera duradera a no ser que te enseñorees de tus pensamientos y los sujetes a las virtudes por las que has escogido vivir.

En el último capítulo, dije que *tus virtudes entrenan a tus actitudes, las actitudes dictan cuáles serán tus elecciones, las elecciones deciden tu comportamiento y tu comportamiento determina tu destino.* La manera en la que comienza todo este proceso es dando a tus virtudes autoridad sobre tus pensamientos. Si tus virtudes no gobiernan lo que te permites pensar, este proceso de llegar a tu destino se verá saboteado. Intentar comportarte dentro de tus virtudes sin tomar el control sobre la película que están poniendo en el cine de tu corazón, sencillamente no funciona. Todo lo que hay en la vida empieza con un pensamiento, una imagen que se proyecta en la pantalla de tu mente.

Jamás se ha inventado nada que no haya sido concebido en el reino invisible del intelecto. De la misma manera, ninguna guerra ha sido jamás librada en el imperio observable que no fuese primeramente peleada en el lugar secreto de la imaginación de la persona. Y nunca ha tenido nadie sexo con otra persona sin imaginárselo primero en el cuarto secreto de su mente. Este principio es tan poderoso que Jesús dijo que desear a alguien en tu corazón es lo mismo que cometer adulterio con esa persona (ver Mateo 5:28). Jesús insiste en que vivimos de dentro hacia fuera y no de fuera hacia dentro.

Tu mente es el campo de batalla de tu vida. Es ahí donde se pelea la batalla que decide tu destino. Tus pensamientos son las armas de la guerra. En medio de este campo de batalla, se edifican fortalezas con los bloques de construcción de las imaginaciones que o proyectan mentiras y fantasías o salvaguardan la verdad. Si sometes tu mente a las fantasías o subestimas tus virtudes y valores, pronto se erigirá una fortaleza que protegerá estas mentiras en medio del campo de batalla. Siempre se puede saber cuando se ha completado una fortaleza malvada por el hecho de que empiezas a defender tu derecho a comportarte de manera que contradice tus convicciones internas.

Pero cuando enseñas a tus pensamientos y acciones a estar de acuerdo con tus sanas virtudes y convicciones, se erigen castillos de justicia que defienden tu integridad y te impulsan a tu destino divino. Una de las formas en la que la integridad es creada y preservada en tu vida es no permitiendo que tus pensamientos violen tus virtudes. La integridad significa que eres la misma persona por dentro que lo eres por fuera. Hace muchos años, el gran apóstol Pablo lo dijo de esta manera:

No se inquieten por nada; más bien, en toda ocasión, con oración y ruego, presenten sus peticiones a Dios y denle gracias. Y la paz de Dios, que sobrepasa todo entendimiento, cuidará sus corazones y sus pensamientos

en Cristo Jesús. Por último, hermanos, consideren bien
todo lo verdadero, todo lo respetable, todo lo justo, todo
lo puro, todo lo amable, todo lo digno de admiración, en
fin, todo lo que sea excelente o merezca elogio. Pongan
en práctica lo que de mí han aprendido, recibido y oído,
y lo que han visto en mí, y el Dios de paz estará con
ustedes. (Filipenses 4:6-9)

Aprender a controlar tus pensamientos en lugar de
permitir que sean tus pensamientos los que te controlen
es, probablemente, el secreto más grande para tener una
vida exitosa. Una vez observé una escena que ilustra lo que
ocurre cuando te ves controlado por tus pensamientos. Vi
a una joven muy delgada llevando de paseo a dos perros
enormes. En realidad, eran los perros los que la estaban
arrastrando por la calle, orinando en los jardines de los
vecinos y echando sus excrementos en sus patios mientras
ella se aferraba a las correas intentando pararles. Me re-
cordó la manera en la que piensan algunas personas. Sus
pensamientos les arrastran por las calles de la vida, destruyen la vegetación de sus virtudes y los valores porque
nunca los han inculcado ningún tipo de adiestramiento.

La razón por la que nuestros pensamientos son tan
poderosos es porque están conectados siempre a nuestros deseos. Nuestros pensamientos tienen el poder de
despertar deseos en nosotros y nuestros deseos tienen
el poder de crear pensamientos en nuestras mentes, una
especie de ecosistema intelectual. La última frase de la
oración anterior describe lo que ocurre cuando llegas a
la pubertad. Los deseos que se despiertan a causa de tu
impulso sexual, recientemente descubierto, empiezan a

enviar a tu mente todo tipo de pensamientos con los que no has tenido que tratar anteriormente. Si vas a ser capaz de mantener a estos perros sujetos por la correa, vas a tener que aprender a adiestrarlos.

Cuando los perros del deseo empiezan a tirar de la correa de tu corazón, es esencial que recuerdes de dónde viene tu impulso sexual. Fue Dios el que activó el impulso sexual humano cuando dijo: "Sean fructíferos y multiplíquense…" (Génesis 1:28). (¿A que le salió de perlas?). Desear tener sexo es *normal*, no es algo por lo que deberías avergonzarte. De hecho, la Biblia dice: "…es preferible casarse que quemarse de pasión" (I Corintios 7:9). La traducción de la Biblia *The Message Bible* lo dice de una manera más divertida. Traduce la frase "arde con pasión" por "ser sexualmente torturado". Es mejor casarse que ser torturado sexualmente. ¡Vaya!, menuda imagen tan clara de la batalla que tiene lugar en tu interior.

Es triste pero muchas personas se apartan de Dios durante su adolescencia porque se sienten culpables por tener deseos sexuales. Empiezan a creerse mentiras sobre sí mismos, pensando: *No debo ser una persona muy recta a causa de estos deseos. Algo en mí no funciona como debiera.* ¡Eso, sencillamente, no es verdad! El sexo es idea de Dios, y es *bueno*. La meta no es destruir tu pasión sexual, sino saber gestionar tus apetitos. Es importante que tú gobiernes a tu pasión y no que ella te gobierne a tí.

Un pacto con tus ojos

Lo que ves con tus ojos va a determinar en gran manera si los perros del deseo te van a llevar a ti de paseo o tú a ellos. La vista inspira a tu imaginación más que cualquiera de los demás sentidos con la excepción del tacto. Y, recuerda, el órgano sexual más poderoso de tu cuerpo es el cerebro. Si alimentas de manera regular tu cerebro con imágenes que están diseñadas para inspirar lascivia, va a ser difícil gobernar tus pensamientos sin que estos violen tus virtudes. Jesús dijo, "El ojo es la lámpara del cuerpo. Por tanto, si tu visión es clara, todo tu ser disfrutará de la luz" (Mateo 6:22). La palabra para "clara" también se traduce como "única". *Única* en este contexto quiere decir "sin compromiso"[1]. Si no pones a tu corazón en un compromiso a causa de las cosas a las que miras, vas a ayudar a que haya sanidad, pureza y luz en tu cuerpo. Pero si tus ojos ponen a tu corazón en un compromiso, esto hará que haya oscuridad en tu vida.

Job, uno de los hombres más justos de la historia, dijo algo muy revelador sobre su plan para mantener su pureza. Dijo: "Hice pacto con mis ojos de no mirar con lascivia a ninguna joven" (Job 31:1, NTV). Te animaría a que incluyas un compromiso similar en tu pacto de pureza delante de Dios. Obviamente, si Jesús nos dijo que mirar a alguien con lascivia es lo mismo que cometer adulterio, entonces tenemos que incluir algo más en nuestro plan que sólo la meta de llegar vírgenes a nuestra luna de miel. Tenemos que tener un plan para saber lo que vamos a permitirnos mirar y cómo lo vamos a mirar.

No hay duda de que lo que se propone la pornografía es inspirar lascivia. Los cineastas que incluyen mujeres vestidas con taparrabos y que muestran en sus películas escenas sexuales de forma bastante gráfica, están esperando beneficiarse de ese deseo que levantan. Vivimos en una cultura que está cometiendo adulterio visual de manera constante y, seguramente, no podemos ni empezar a darnos cuenta de lo mucho que ha envenenado a nuestra capacidad de mirarnos con ojos puros. Todos hemos estado expuestos a imágenes sin las que hubiésemos estado mejor. Dios no nos hace responsables de lo que se cruza por nuestro camino sino de lo que capta nuestra atención y nuestros corazones. Y Él puede restaurarnos cuando el mundo nos defrauda.

Masturbación

A menudo la gente me pregunta si masturbarse es una manera aceptable y honorable para ayudar a mantener el impulso sexual bajo control hasta que se casen. Antes de darte mi opinión, hablemos sobre los hechos. La Biblia nos instruye sobre todos los aspectos de la sexualidad. Por ejemplo, nos dice que tener sexo fuera del matrimonio está mal y es destructivo (ver Efesios 5:3; Apocalipsis 2:20). Dice claramente que tener sexo con animales es abominación (ver Éxodo 22:19; Deuteronomio 27:21). Dios nos dice que el acto sexual con personas del mismo género es pecado contra uno mismo y contra el cielo (ver Levítico 18:22; Romanos 1:24-28). La lista de cosas permitidas y prohibidas encontradas en la Biblia sigue y sigue, pero nunca llega a mencionar la masturbación. Piénsalo, en más de 1,700 páginas escritas a lo largo de varios miles de años por más de 40 autores en muchos países y culturas diferentes, la Biblia no menciona la masturbación ni una vez, es cierto, ni una vez.

Así que, ¿el silencio de Dios sobre un asunto que cada generación ha enfrentado, obviamente, quiere decir que está bien hacerlo o que a Él no le importa? No, de hecho esto nos demuestra que Él nos ha dado permiso para solucionarlo de manera personal con Él dentro de los límites de las virtudes y valores que ya nos ha revelado. Sabemos que, de acuerdo con lo que dijo Jesús, el hecho de mirar a alguien con lascivia es lo mismo que cometer adulterio. Por lo tanto, parece razonable pensar que masturbarse mientras se fantasea con alguien claramente viola tu integridad y corrompe tu corazón. Una vez aconsejé a un hombre mayor que se masturbaba siete veces al día desde que tenía 13 años. Se había convertido en una esclavitud tal que literalmente le había quitado el control de su vida. Cualquier cosa que se enseñoree sobre ti es una adicción y, pasado el tiempo, te destruirá. Las adicciones crecen en el sótano de la negación. La negación quiere decir que evitas las raíces que causan dolor a tu corazón cubriéndolas con placer. Esa es la razón por la que las adicciones sexuales están tan a la orden del día en nuestro mundo.

Muchas personas tienen un monstruo en su sótano e intentan pretender que no está ahí. Suben el volumen lo suficiente para no oírle respirar por la cerradura. Y, de vez en cuando, le tiran un filete o dos para calmarle y así los vecinos no se enteren de que está encarcelado ahí abajo. Pero, a medida que pasa cada día, el monstruo se hace cada vez más fuerte hasta que, finalmente, derriba la puerta del sótano y asesina a todas las personas que viven en esa casa. La masturbación es el aparato de estéreo más eficiente ya que cubre los gruñidos del sótano de nuestros corazones. Si negamos la causa por la que tenemos un impulso sexual hiperactivo, acabará destruyéndonos.

O sea que, ¿cuál es la moraleja de la historia? Si vas a

masturbarte para apaciguar tu apetito sexual, asegúrate de que no viole tu relación con el cielo y que tampoco lo estés usando para evitar asuntos más profundos. Si lo haces a menudo, estás tapando temas escondidos del corazón. Nunca permitas que tus apetitos te controlen a ti; debes saber manejarlos. Y no hagas de las personas un objeto sexual para satisfacer tu impulso sexual. Mantén tu corazón puro en todo lo que hagas.

Conexión de pacto

Ya que Dios es el que diseñó y activó tu impulso sexual, es congruente pensar que tiene tanto la sabiduría como la fuerza para dirigirlo hacia su verdadero propósito. No quiere que te apartes de Él cuando trates con tus pensamientos y sentimientos; quiere que corras hacia Él. El fundamento de los muros del castillo que protege a tus virtudes y valores se encuentra en el hormigón de la conexión de pacto que tienes con Dios. La batalla por tu alma se vuelve tan intensa que a veces necesitarás Su ayuda para ganar estas peleas y para aferrarte a tu trofeo, especialmente en medio de un mundo hostil y pervertido.

Mis hijos crecieron entendiendo esto. Se criaron en un ambiente donde el tema del sexo estaba muy al descubierto. Kathy y yo hablábamos abiertamente acerca del sexo con ellos y tratábamos de quitarle el misticismo en la medida de lo posible y de una manera apropiada. Cuando nuestros hijos entraron en la pubertad, Kathy y yo les sacábamos de paseo y hablábamos con ellos acerca del gran valor de su pureza. Les explicábamos que debían tener un plan para mantener su virginidad desde el campo de batalla hasta la alcoba de la luna de miel. Les decíamos que iban a necesitar la ayuda de Jesús para ganar esta batalla y nos ofrecíamos para dirigirles en su pacto con Él. Un pacto es un acuerdo que se lleva a cabo entre dos personas donde ambas partes tienen el derecho y la responsabilidad de llevar a cabo ciertas tareas para satisfacer un fin establecido. Cuando sintieron que estaban listos, les guiamos en una sencilla oración de pacto con el Señor, pidiéndole que les mantuviese puros para el futuro hombre o mujer de sus sueños. Oraban para que Dios les ayudase en los tiempos de debilidad, que les mantuviese alejados de la tentación y que les impartiese su sabiduría para sus vidas. Al final de la oración de dedicación, Kathy y yo les dábamos un bonito anillo que se ponían en el dedo donde se lleva el anillo de casados hasta que se casasen, como recordatorio del pacto que habían hecho con su Dios para mantenerse puros. Después, en la ceremonia de sus bodas, les daban sus anillos de virginidad a sus amantes como una primera señal de su pacto con ellos.

Comparto esto porque las vidas de mis hijos son testimonios del poder del pacto. Dios fue fiel para con ellos y será fiel contigo también. Mis hijos experimentaron todas las luchas normales por las que pasa cualquiera al aprender a tratar con un impulso sexual, pero la sabiduría y la fortaleza que adquirieron a través de su relación con Dios les capacitó para tener éxito a la hora de gestionar sus deseos para que se dirigiesen hacia las virtudes y metas a las que se habían aferrado. (Hay una historia muy buena en el último capítulo de este libro que trata del anillo de pacto de Anthony y su viaje hacia el matrimonio).

Rendir cuentas

Otro elemento importante en los planes de mis hijos para mantener la pureza era rendir cuentas. Después de hacer este acuerdo con el Señor en lo concerniente a tu pureza, necesitas tener a alguien que te haga responsable de tu pacto y de tus convicciones.

Hay algunos puntos muy importantes que se deben considerar a la hora de encontrar a esa persona a la que te vas a someter. Una de las maneras en las que sabes que es la persona correcta es imaginándote cómo te sentirías diciéndole que has fracasado a la hora de honrar tus virtudes. Si no experimentas ningún tipo de temor a la hora de desilusionar a esa persona, entonces has escogido a la persona equivocada. La meta es ser responsable ante alguien que respetes, como un padre o una madre, no ante un amigo que está luchando con los mismos asuntos que tú. Por supuesto, esta persona "paternal" necesita ser comprensiva y saber animar, pero también tiene que ser alguien que se enfrentará a ti cuando vea que estás metiendo la pata y te puede hacer volver a tus convicciones. No es una verdadera responsabilidad cuando debes rendir cuentas ante personas que son "más pequeñas" que tú, que están más liadas que tú, o a quien no te importa desilusionar.

Así que, ¿cómo es la responsabilidad? Una cosa que *no* es, es hacer a otra persona responsable de tu vida. Primero tienes que rendir cuentas ante ti mismo en lo que respecta a tus virtudes antes de poderle pedir a otra persona que se responsabilice de ti. Si no es así, esa persona va a intentar que te comportes de manera externa de una forma en la que no te has comprometido a vivir de manera interna. Esto también te va a hacer que te sientas controlado y manipulado por esta persona.

Es importante darse cuenta de que la persona que supervise tu vida también pueda mirar dentro de tu corazón. Esta es una de las razones por las que tienes a una persona que se responsabiliza de las virtudes de las que ya te has responsabilizado de antemano. El supervisor te ayudará a que recuerdes cuáles son tus metas en medio de tus tormentas de hormonas. Te ayudará a que vivas por encima de tu lascivia y pasiones y puede ser una tabla de salvación cuando estés tomando decisiones con respecto al hombre o la mujer de tu vida.

La responsabilidad requiere que *invites*—no que toleres—a las opiniones, la corrección, la disciplina y la confrontación a tu vida al igual que el consuelo y el ánimo. No puedo llegar a contar la cantidad de veces que la gente me ha pedido que les dé consejo y, después, cuando tengo que darles alguna palabra de corrección o les intento redirigir, me castigan por hacerlo. Enfrentemos los hechos—es difícil para cualquiera recibir corrección. Pero si discutes con la persona a la que has pedido que te supervise, ¿para qué le has invitado a que entre en tu vida? Por supuesto, discutiendo no es la única manera en la que castigamos a la gente. El castigo se presenta en todo tipo de envoltorios. A veces se manifiesta en el hecho de que las personas apartan su afecto, no te dirigen la palabra o se hacen las víctimas. Cuando entras en este tipo de comportamiento, le estás comunicando a tu supervisor, "Por favor, no me digas la verdad. No lo puedo soportar".

Vencer el engaño

La cuestión de rendir cuentas ante alguien hace que salga a relucir una importante verdad que todos tenemos que aprender en la vida: Todos debemos tener a alguien en nuestras vidas en el que confiamos *más* de lo que confiamos en nosotros mismos. Cada uno de nosotros es susceptible al engaño y la naturaleza del engaño es que no sabemos que estamos engañados cuando en realidad lo estamos. (Si sabes que estás engañado, no se le llama engaño. Se le llama ¡el espíritu de la estupidez!). Por lo tanto, cuando alguien te dice que tienes un problema en un área en particular de tu vida, a menudo no *parece* real. Tienes que confiar en lo que la otra persona te está diciendo más que en tus sentimientos si quieres ser liberado del engaño.

Una de las mayores áreas de engaño tiene lugar cuando estamos buscando un compañero para toda la vida. He observado tantas veces a la gente que se enamora de alguien que no es bueno para ellos. El antiguo dicho, "El amor es ciego", es cierto. Pero me gustaría añadir, *La lascivia es aún más ciega, y es completamente sorda.* A veces la gente toma las decisiones más estúpidas a la hora de buscar pareja. Cuando tus pensamientos se ven gobernados por tus partes íntimas, puedes llegar a las conclusiones más alocadas que afectarán al resto de tu vida. Por esto es tan importante que invites a ciertas personas a tu vida para que te ayuden a supervisar tus relaciones románticas y te den opiniones honestas. Ya he compartido contigo cuánto influenció la opinión de mi madre en mis valores a la hora de escoger esposa.

Permíteme que deje claro que no estoy hablando de

someterte a algún controlador compulsivo ni de que permitas que alguien te trate como si fueses un niño de 10 años. Sencillamente estoy diciendo que todos necesitamos a alguien que nos ayude a supervisar nuestras vidas porque, a menudo, no podemos ver el bosque a causa de los árboles. La mayor parte del tiempo, estas personas sostendrán el espejo de la opinión delante de nuestras caras y nos mostrarán cómo los atributos que estamos intentando cultivar en el reino secreto de nuestras almas están manifestándose en nuestro comportamiento y están afectando a los que nos rodean.

Les he pedido a seis hombres que actúen como supervisores de mi vida. Hace un par de años estaba comiendo con ellos y se me ocurrió esta gran idea. Les dije: "Utilicemos nuestra hora de la comida durante las siete semanas siguientes y ofrezcámonos opiniones sobre las debilidades que vemos en los demás que no nos permiten que alcancemos la grandeza a la que hemos sido llamados. Podemos empezar conmigo". Pensé, *¿qué podrán encontrar en mí que sea malo? Soy un líder maduro.* ¿Recuerdas la naturaleza del engaño? Bueno, durante las dos horas siguientes, mis amigos por turnos me fueron diciendo los problemas que veían en mi vida describiéndome cómo mi comportamiento estaba afectando a la gente que me rodeaba. Me sentí totalmente devastado. Me sentí como si me hubieran exprimido.

Llegué tarde a casa esa noche y Kathy ya estaba en la cama. Me arrastré a la cama y me acosté a su lado todavía pensando en los comentarios de mis amigos sobre mi vida. Se movió un poco y luego balbuceó: "¿Qué tal el día, cariño?"

Quejumbroso, le resumí lo que me habían dicho, esperando que me consolara. Se volvió hacia mí, puso su mano en mi hombro como para que me sintiera seguro y dijo: "Cariño, ¡te he dicho esas mismas cosas durante años!". Se volvió a dar la vuelta y se durmió.

¡Ay! Pensé. *¡Qué dolor!* Pero en los meses siguientes, lo asumí y empecé a actuar sobre lo que me habían dicho mis amigos. Te tengo que decir que he crecido un montón los últimos dos años a causa de lo que me dijeron. Pienso que el rey Salomón tenía razón cuando dijo: "Más confiable es el amigo que hiere que el enemigo que besa", y, "El hierro se afila con el hierro, y el hombre en el trato con el hombre" (Proverbios 27:6ª, 17). Puede ser obvio, pero las heridas de un amigo sólo pueden venir de un amigo. Vivir un estilo de vida en el que se rinde cuentas puede ser duro a veces, por lo que es importante establecer esta cultura en tu vida antes de que lo necesites. Esto te permitirá tener una historia de ánimo y confianza con aquéllos ante los que vas a rendir cuentas antes de que sea necesario que te corrijan o redirijan. Pero si esperas que haya un problema en tu vida para después buscar a alguien al que someterte, puede ser difícil seguir su consejo cuando todavía no has aprendido a confiar en ellos más que en ti mismo.

Citas y noviazgo

A medida que aprendes a vivir con relaciones ante las que rindes cuentas, te será algo natural el someter las relaciones románticas a ese liderazgo. Estos líderes deberían también ayudarte a desarrollar un plan para mantener la pureza junto contigo y la persona con la que estés saliendo. A continuación te voy a dar algunas reglas de guerra que nunca deberían ser quebrantadas si de verdad quieres sobrevivir en el campo de batalla sexual.

Número uno: Nunca salgas ni tengas una relación romántica con alguien que no esté comprometido a mantener las mismas virtudes que tú consideras de valor. Si esa persona no ha decidido cómo va a comportarse en el tema del sexo prematrimonial, entonces esa persona ya ha decidido por omisión que no va a proteger su virginidad. La guerra sobre tu virginidad es muy ardua como para que no tomes un papel activo en ella. Si fracasas a la hora de crear un plan, ya has planificado fracasar. Obviamente, esto quiere decir que tienes que tener una conversación con esa persona acerca de sus convicciones antes de meterte en una relación romántica con él o ella.

Tal vez estés pensando: *Vaya, esa sería una conversación difícil a mantener con una persona a la que casi no conozco.* Es cierto, pero ¿cuánto te gustaría averiguar las convicciones de esa persona cuando estés en un lugar solitario y te lo/la tengas que quitar de encima porque sus convicciones son opuestas a las tuyas? ¡Ocurre constantemente! Por esta razón, es mejor salir en grupos hasta que te sientas cómodo con la otra persona. Aprenderás mucho acerca de alguien por las personas con las que se asocia. Recuerda, la meta principal del noviazgo/las citas/salir con alguien es el conocernos.

Número dos: Cuando salgas solo, planifica lo que vas a hacer antes de salir. Intentar decidir lo que vas a hacer después de montarte en el coche, sencillamente no es un buen plan. Asegúrate de que sabes cuál es el plan y de que tienes el derecho a vetarlo antes de entrar al coche. Aquí es dónde aplicas lo que aprendiste en el último capítulo. Es tu responsabilidad mantener a la princesa sana y salva. Se te ha confiado un tesoro. Es importante que protejas su pureza. Cuando la saques, *debes* tener un plan de batalla. No la lleves a ver películas que tengan escenas de sexo o a lugares que hagan que se sienta incómoda. Nunca deberías estar en lugares dónde tener sexo es algo fácil: las habitaciones, casas solitarias, o coches aparcados en lugares deshabitados. ¡Eso es una estupidez!

Comportamiento apropiado

Una de las preguntas que más frecuentemente me hacen acerca de las citas o del noviazgo es: "¿Cuál es el comportamiento adecuado en una relación romántica saludable?". Antes de responder esta pregunta, repasemos el propósito de estar juntos. La razón primordial por la que cortejas a alguien es para discernir si son apropiados el uno para el otro en una relación matrimonial. Utilizo la palabra *cortejar* porque algunas personas definen *salir* como algo que haces con el sexo opuesto para divertirte y pasártelo bien como soltero, mientras que *cortejar* es lo que haces cuando estás a la captura de pareja y estás preparado para casarte. De hecho, me gusta esta distinción y me parece que estos términos ayudan a aclarar las intenciones y lo que se espera de la otra persona. Pero las reglas de guerra tienen que ser observadas por razones muy obvias, ya sea que estés saliendo o cortejando a la otra persona. Si definimos salir en estos términos, entonces no debería haber ningún gesto romántico como darse la mano, abrazar a la otra persona o besarse. Estas acciones empiezan a crear expectativas en la otra persona que tú no tienes la intención de satisfacer. En otras palabras, si estás saliendo para pasártelo bien y no para encontrar tu compañero de por vida, no te estimules para nada románticamente.

Si estás cortejando a alguien, es importante que no violes a la otra persona mediante un comportamiento que le estimula sexualmente. Estos límites pueden variar según la persona, pero si quieres tener una relación honorable, debes respetar los límites de la otra persona. Por ejemplo, si el chico no se ve estimulado, sexualmente hablando, por besar, pero la chica no quiere ser besada hasta que se case, el estándar entre ellos dos tiene que ser *no besarse*. La persona con los límites más grandes debe convertirse en el estándar que ambos respeten. Si no es así, una de las dos personas siempre se sentirá violada e insegura. Cuando proteges el estándar de otra persona, aunque no te sea necesario para permanecer puro, envías un mensaje muy claro: "Te respeto y te honro. Valoro lo que piensas y hago un pacto contigo para mantener tu integridad intacta". Esto tiene unas implicaciones muy poderosas y edifica un fundamento para tener un matrimonio increíble, si es que esa persona acaba siendo la correcta.

Pero déjame que te de algunas reglas para cortejar que todo el mundo debería observar, sin importar quién seas. Nunca deberías tocar las partes sexuales de la otra persona con *ninguna* parte de tu cuerpo (no sólo las manos) hasta que te cases. Esto incluye el pecho, el trasero, el pubis y las piernas. Así que darse un abrazo tocándose el pecho con el pecho de la otra persona es una manera tremenda de estimular a tu pareja cuando estás casado, pero apesta si lo que estás intentado es mantener tu virginidad mientras cortejas a la otra persona. El beso francés es un gran error si estás intentando proteger la pureza de la otra persona. Cuando introduces tu lengua en la boca del otro, estás estimulando el acto sexual y vas a estimular los órganos sexuales de la otra persona (a no ser que estés muerto o algo así). Tu cuerpo ha sido creado para procrear, así que cuando haces cosas que encienden los sistemas sexuales, le están diciendo a tu cuerpo que estás listo para hacer el amor. Cuando todos los sistemas están encendidos y listos para *funcionar*, se convierte en toda una hazaña el apagarlos sin disparar un misil, por así decirlo.

La mayoría de estas "reglas de guerra" o guías para conseguir un plan de pureza son básicamente de sentido común, pero es sorprendente cuán poco común es el sentido común cuando piensas que amas a alguien. Por esto es vital que, si es posible, te tomes el tiempo suficiente para planificar tu comportamiento antes de conocer a alguien. Creo que cuanto más tiempo inviertas en los detalles de cómo quieres vivir y qué tipo de relaciones quieres tener, más claramente reconocerás en las personas que te rodean a las que tienen las mismas metas y mejor podrás poner en palabras esas metas para alguien en quién estés interesado.

Nota

1. Concordancia Strong's, palabra griega *haplous*.

CAPÍTULO 5

LA CONQUISTA
POR JASON VALLOTTON

Desde el principio de los tiempos, la humanidad lo ha arriesgado todo con la esperanza de tener una oportunidad para conquistar a su verdadero amor. En lo más íntimo del corazón de cada hombre hay un deseo ardiente de parecerse al príncipe Felipe que atravesó el corazón del desalmado dragón con su poderosa espada para después despertar a la Bella Durmiente con un heroico beso. Bajo ese mismo prisma, cada mujer tiene en su interior un anhelo secreto de ser conquistada por un caballero de reluciente armadura para ser llevada al país del eterno romance y del deseo satisfecho. Walt Disney hizo una tarea espectacular a la hora de plasmar los deseos de la humanidad, cada uno con sus matices, pero claramente ausente del cuento de hadas de Disney está toda la ardua labor necesaria para crear un final feliz. Ya no estamos en los tiempos del Medievo cuando los dragones deambulaban por la tierra buscando una princesa a la que capturar y un valeroso caballero se ganaba el corazón de la damisela. A diferencia de los días de los caballeros y las princesas, el respeto y el honor han cedido su lugar a "la libertad de elección" donde la voz más alta de la educación ha surgido de las bocas de nuestros maltrechos medios de comunicación. El resultado de todo esto ha sido una intensa confusión ya que a nuestra cabeza se le está enseñando una cosa pero nuestro corazón está anhelando otra.

Es de vital importancia que desmarañemos esta telaraña de confusión entendiendo los verdaderos papeles que los hombres y las mujeres tienen en la vida los unos de los otros al dirigirse hacia el romance.

¿Preparados, listos, ya?

Gran parte de nuestra sociedad percibe el noviazgo como un viaje nómada. No se comienza ni se acaba en un lugar definido; más bien, lo que dirige ese vagar sin sentido son los apetitos, deseos y emociones de cada uno. Siendo esto así, casi la mitad de los matrimonios en los Estados Unidos acaban en divorcio y la mayoría de los noviazgos dejan a los involucrados peor que cuando empezaron.

Todos tenemos el deseo de permitir que la belleza de la relación se desenvuelva por sí misma, pero lo cierto es que una relación no es una flor en medio de un jardín, es, más bien, un jardín que se planifica, siembra y guarda hasta el día de la cosecha. Las relaciones que no se planifican ni se cultivan pronto se ven inundadas de malas hierbas que ahogan el verdadero amor. Por lo tanto, la meta a la hora de enfrentarse con el noviazgo de una manera activa no es planificar una relación sin aventura antes cultivar el jardín del honor y respeto para que nuestras conexiones estén libres de las malas hierbas del temor y de la ansiedad.

Ninguna montaña es lo suficientemente alta

Miremos al noviazgo desde otra perspectiva. Imagina conmigo que fueses a escalar con algunos amigos la montaña Half Dom en el Parque Nacional de Yosemite, pero que ninguno hubiera hecho escalada libre jamás. Mucho antes de llegar a la montaña, hay muchas cosas que tendrías que saber para poder asegurarte de que sea una aventura memorable. Si no has tenido un entrenamiento bastante intenso en escalada, además de la planificación logística para poder llegar ahí, lo que empezó como una gran hazaña pronto se convertirá en una pesadilla rocosa. Sin embargo, preparándote para explorar antes de que ocurra, puedes disfrutar de la emoción de la escalada.

Las relaciones de noviazgo son muy parecidas a la escalada, se requiere planificación y preparación para que ambos individuos puedan disfrutar del viaje. Por lo que aún antes de dar el primer paso en la relación, deberías sentarte y hacerte unas cuantas preguntas: ¿Estoy verdaderamente preparado para tener una relación? ¿Cómo sé que estoy preparado? ¿Está la persona con la que estoy saliendo preparada? No tiene razón de ser el meterse en una relación para la que uno o ambos no estéis preparados. Aunque ni la persona perfecta ni el plan infalible existen, hay personas que están más preparadas que otras para tener una relación romántica y hay planes que suelen llevar al éxito.

"Está bien", preguntarías: "¿Cómo sé que estoy verdaderamente preparado para una relación romántica?". Estás preparado para empezar esta relación cuando puedas beneficiar a la persona con la que estés sin importar cual sea el final de dicha relación.

Hombre, piensa en cómo sería tu relación si tuvieses una cita con la hija de Dios. Si eres como yo, no hay nada que sería capaz de hacer que la hiciese daño. De hecho, me aseguraría de que cuando estuviese conmigo se sintiera especial, apreciada y protegida.

Mujer, te doy el mismo consejo si estás saliendo con un hijo de Dios. Asegúrate de que tus acciones y participación hacen que se sienta protegido y aceptado a pesar de que esa relación termine antes de tiempo.

Esto significa que es necesario que estés sano antes de salir con otra persona, tu problemática debe haber sido tratada antes de que te centres en otra persona. No es causa de vergüenza el que tengas ciertas luchas a las que tengas que prestar atención antes de seguir adelante. Lo que debes recordar es que en una relación, cualquier grieta en el fundamento se hará más grande y visible con la presión que otra persona ejercerá al pararse sobre el fundamento de tu vida. Frecuentemente, estas grietas hacen daño a las personas que intentan ayudarte. Se parece mucho a levantar pesas. Si estás saludable, levantar pesas hace que te hagas más fuerte, pero si tienes alguna lesión, levantar pesas tan sólo aumentará el daño ya existente. Para poder tener un cuerpo saludable, debes preocuparte de la lesión antes de añadir la tensión que demanda el levantamiento de pesas. Una vez más, debes estar sano antes de tomar sobre tus hombros el peso de la responsabilidad de otra persona.

Si no puedes decir con honestidad que estás en una posición en la que puedes estar con otra persona y beneficiarla sin importar lo que ocurra en la relación, entonces deberías tomarte algún tiempo para estar con un mentor o consejero para trabajar en esas áreas que requieren atención hasta que sepas que las grietas de tu persona han sido reparadas.

Planifica el siguiente paso

Saber cuándo dar el siguiente paso en una relación no debería estar sujeto a que ciertos astros se alineen o a algo subjetivo, sino que deberían tomarse pasos de forma activa que incluyan intenciones y expectativas claramente comunicadas.

Pero antes de que le puedas decir a alguien que quieres estar con él o ella, tienes que saber quién eres y lo que estás buscando en la relación. Entender estos dos asuntos te ayudará a decidir a quién conquistar y te hará tener confianza en lo que vas a aportar a la relación.

Quién eres es la suma de tu identidad, creencias, pasiones, deseos, talentos y personalidad. Cada uno de estos atributos debería explorarse de manera cuidadosa y se deberían apreciar por el valor intrínseco que tienen porque traerás contigo estas características a cada relación en la que te involucres. Una de las metas principales en la vida es ver estos atributos a través de los ojos de Dios. Bill Johnson dice, "No tenemos derecho alguno de tener ningún pensamiento en nuestras mentes que no esté en el corazón de Dios antes". Cuanto más sabes sobre ti mismo, más podrás ofrecerte a otra persona y más seguro y confiado estarás en dicha relación.

No existe una lista perfecta de "quieros" que se debe buscar en una relación (hay deseos malos que, obviamente, no deberían formar parte de nuestras vidas en absoluto). Pero la mayor parte de lo que "deberías" desear en otra persona se ve determinado por la preferencia personal.

Habiendo dicho esto, cuanto más sepas y entiendas tus necesidades y deseos, mejor te irá a la hora de descubrir lo que estás buscando en una relación junto a otra persona.

Tu destino va a ser un factor primordial a la hora de determinar el tipo de persona con la que necesitas estar. Por ejemplo, si quieres ser un misionero en las junglas del Congo y escoges a alguien que detesta la aventura, no hay que ser muy listo para darse cuenta de que tienes un desastre en ciernes. Para que este tipo de relación pueda llegar a un final feliz, uno de los dos tiene que estar dispuesto a sacrificar el sueño de su vida para salvar la relación, y eso normalmente no surge con facilidad. Encontrar a alguien con la misma pasión y llamado en su vida puede ser una manera de crear grandes sociedades Recuerda, no estás intentando encontrar a alguien con el que puedas vivir—quieres encontrar a alguien sin el que no quieras estar. Las parejas que tienen una pasión común en la vida tienen una conexión natural que requiere menos trabajo a la hora de mantener la relación en buena forma.

Otra forma que te ayuda a determinar lo que quieres en una pareja es estando con parejas casadas y viendo cómo éstas interactúan. Presta gran atención a los atributos que admiras en ellos y a los atributos que no te gustan. Descubriendo quién eres, dónde vas y qué atributos admiras en otros, debería encaminarte de manera correcta para poder identificar lo que estás buscando cuando lo veas en otra persona.

DLR—Define la relación

En este mundo hay pocas siglas que puedan acoger la fría realidad como estas tres letras—DLR. Por si no estás familiarizado con este acrónimo, significa: Definir La Relación. En nuestro contexto, DLR es tan utilizado como *bss*[1] en el mundo del mensaje de texto. Un día cualquiera puedes ir por los pasillos de nuestra escuela y oír retazos de cómo fulanito de tal DLR durante el anterior fin de semana. No importa quién esté en la habitación, todos saben exactamente de lo que se está hablando. Aunque se ha convertido en un cliché, sigue siendo útil para el bienestar de nuestro entorno. DLR es en realidad donde debería empezar la conquista "oficial" de cualquier relación. Es la manera en la que cada persona comunica cuáles son sus intenciones y expectativas para la relación.

A lo largo de los tiempos, los humanos han sido famosos por utilizar las proverbiales señas de cariño para mostrar interés mutuo, desde la niñita que pellizca al niño en el recreo, hasta el chico que pone en evidencia lo "colado" que está comportándose como el payaso de la clase. *La humanidad siempre ha visto de manera favorable la comunicación romántica llevada a cabo mediante señas ilusas ya que tienen un inherente bajo riesgo de rechazo.*

El punto débil de este tipo de comportamiento es que cada persona se queda con la tarea imposible de desvelar el código secreto de la mente ajena y, lo que es aún peor, el mensaje no llega a su destinatario. Intentar descodificar "la danza del amor" de alguien puede ser una forma increíblemente compleja de iniciar una relación que debería estar basada en la confianza.

DLR es la manera correcta de empezar una relación romántica. Se necesita un poco de valor pero no es ciencia espacial. Básicamente, se trata de llevar a la otra persona a un lugar tranquilo donde puedas hablar y explicar dónde estás y cuáles son tus intenciones en lo referente a la relación y viceversa. La hermosura de este proceso es que todo está a la vista; no hay ningún código escondido que haya que descifrar ni ninguna mente que haya que leer. De esta forma, ninguna de las partes crea expectativas irreales.

Lento y seguro gana la carrera

Las relaciones románticas se caracterizan por la delicada y a la vez emocionante aventura de permitir que alguien atraviese los límites externos de nuestro ser para que pueda ver e influir en la esencia misma de nuestro corazón. Si alguna vez has visto a un cirujano cardiovascular mientras está operando, entenderás lo que significa cuando digo que lento y seguro gana la carrera. El habilidoso cirujano se toma su tiempo, prestando gran atención a los detalles más insignificantes, sabiendo que el exceso o defecto de algo puede ser fatal para la vida del paciente. Ahora, me doy cuenta de que trabar una relación romántica no es exactamente como la cirugía cardiovascular, pero, aunque parezca raro, algunos de los mismos principios son aplicables cuanto se trata del corazón de otra persona; muévete con lentitud y seguridad y presta atención a los detalles más pequeños de la relación. De la misma manera en la que un especialista utiliza el bisturí, la confianza y la paz son las herramientas que debes usar para operar. Estas herramientas deberían dictar la profundidad del acceso permitido en el corazón ajeno. Permitir que tus emociones, tu inseguridad o tu impulso sexual sean los que determinen el nivel de la conexión que harás con tu corazón, es una receta para obtener una relación fallida.

Uno de los mayores peligros de cualquier nueva relación es la liberación de emociones eufóricas que convierte en un abrir y cerrar de ojos a los sabios en poetas ebrios. No sabría decir cuántas veces he visto parejas inocentes y cabezotas terminar en un mundo de dolor por haber subestimado la fuerza motriz de las emociones descontroladas. Nuestros sentimientos son una parte vital y poderosa de nuestra relación amorosa. Sin embargo, toman las peores decisiones. Cuando empezamos una nueva relación, hay cuatro pautas saludables que te ayudarán a mantener la cordura en medio de un turbión de euforia.

Cuatro pautas para el cotejo

Pauta 1: Empieza a cierta distancia y acércate poco a poco.

Nuestros alocados sentimientos tienen la tendencia de ir más rápido de lo que cada persona puede aguantar de manera realista. Me recuerda a lo que me ocurrió cuando aprendí a conducir mi primer coche. Al tener 15 años, aprender a conducir era una experiencia muy emocionante. Recuerdo como en varias ocasiones mi padre empleaba tardes enteras sentado en el asiento del copiloto del ajado Pontiac 6000 mientras íbamos por los caminos de Weaverville, California. Siendo, como era, un jovencito puedes estar seguro de que en el momento en el que me sentaba en el asiento del conductor con toda la adrenalina circulando por mi organismo, las señales de límite de velocidad a 50 km/h carecían de valor para mí. Si de mí hubiera dependido, la aguja del velocímetro hubiera pasado la marca de los 220 km/h. Sin embargo, ya que mi padre estaba en el coche y ya que él tenía un concepto más claro de lo que era bueno para mí, me pudo dar pautas que me permitieron aprender a conducir nuestro coche en un medio seguro, aún cuando estuviera bajo la influencia de la adrenalina. Al obedecer el límite de velocidad y las pautas de mi padre, la experiencia de manejar la responsabilidad mejoró mi vida en vez de terminarla.

Cuando se está construyendo una relación nueva, se pueden aplicar los mismos principios. Es verdaderamente importante que cada persona gestione su necesidad de sentir la velocidad empezando separados y poco a poco empezar a unir sus caminos a medida que crece la confianza. Tu confianza y compromiso deberían ser los que dicten la cantidad de intimidad que cada uno ofrece en la relación. Al respetar esta pauta, la intimidad irá aumentando lentamente a medida que la confianza y el compromiso se fortalecen. Demasiado frecuentemente utilizamos nuestra intimidad para establecer una conexión y una relación en vez de permitir que el fundamento de la confianza sea el que construya nuestra intimidad. Si te voy a dar mi trozo más sagrado y vulnerable, me querré asegurar de que sepas cómo tratarlo antes de que te lo dé. Lo más maravilloso de acercarse lentamente al otro es que el riesgo de que te rompan completamente el corazón es muy inferior ya que estamos permitiendo que el compromiso y la confianza sean los que dicten la velocidad de nuestra pasión.

Pauta 2: Antes de hacer, habla.

Es probable que una buena comunicación sea la pieza más grande que nos falta del puzle en la mayoría de las relaciones. Por el mero hecho de haber DLR una vez, no quiere decir que todo va bien. Una vez oí de una pareja casada que, a causa de que la esposa se sentía desconectada de su esposo, fueron a pedir consejo. El consejero escuchó la mujer mientras ésta explicaba cómo no se sentía amada por su esposo y cómo no estaba segura de si significaba algo para él ya. Al oír esto, el consejero preguntó al marido lo que pensaba sobre los comentarios de su esposa. Su respuesta fue asombrosa pero típica de un hombre. El esposo dijo: "Le dije que la amaba el día que me casé con ella y que si alguna vez cambiaba de opinión se lo diría". ¡Ay! La falta de comunicación en esta relación ha hecho que una persona se pregunte si está siendo amada por la persona más importante de su vida creando una tremenda desconexión entre ellos. Allí donde falta la comunicación, apuesta lo que quieras a que la ansiedad y el temor van a entrar y el amor va a salir pitando.

La comunicación es uno de los órganos vitales de cualquier relación. Sin ella, no hay manera de tener una conexión verdadera e íntima. Cuando estás comenzando, asegúrate de no tomar ningún paso importante sin primeramente hablarlo con tu pareja. Un paso importante es cualquier decisión que involucre a la otra persona que puede ser desde la frecuencia de vuestras visitas, hasta darse la mano o besarse o cualquier otra cosa que pueda violar las necesidades de la otra persona. Cuando se habla de cada paso y se comparten las necesidades y deseos, se crea una atmósfera de confianza donde la intimidad puede florecer. Cuando las necesidades de cada uno se ven valoradas y protegidas, se fortalece la confianza y, donde hay confianza, se le da la oportunidad a la intimidad a desarrollarse.

Otro aspecto importante que pone sobre la mesa la comunicación es la capacidad de plantear y satisfacer expectativas para la relación. En el momento en el que haya más de una persona involucrada en cualquier cosa, no dudes que hay expectativas que se tienen que satisfacer. Tener la expectativa correcta es algo crucial para el bienestar de ambas personas porque cualquier expectativa que no se cumple lleva al dolor. Sin embargo, de la misma manera, la expectativa satisfecha acarrea confianza y conexión. Durante vuestra relación, la expectativa que cada uno tiene del otro va a cambiar a medida que la relación madura. Por esto es vital que ambas personas hablen sobre sus expectativas para que las necesidades de la relación se suplan a medida que ésta se profundiza.

Pauta 3: Nunca tomes una decisión de compromiso estando "bajo los efectos".

Permíteme que me explique. Una decisión de compromiso es cualquier paso que te lleve a un nivel más profundo de intimidad. La velocidad a la que dos personas crean intimidad no debería verse dictada por los sentimientos ni por deseos inmediatos, sino que debería determinarse por el nivel de confianza y compromiso en la relación. Por ejemplo, cuando estás decidiendo si cogerle la mano a tu chica o a utilizar la palabra "amor", asegúrate de que la relación esté preparada para ese tipo de intimidad. A causa de que nuestras emociones son tan poderosas, muy frecuentemente las decisiones que tomamos mientras estamos "bajos los efectos" son muy diferentes de las decisiones que habríamos tomado en caso de haber estado "sobrios".

Tomar decisiones de compromiso con una mente

sobria evita que la relación sea una montaña rusa emocional y también reduce de manera drástica los sentimientos de arrepentimiento y de remordimiento que experimentamos cuando actuamos a lo loco. Cuando vayas a dar un paso más de intimidad en una relación, asegúrate que la sabiduría es la que te está guiando en esa decisión y no tus deseos intoxicados.

Una manera muy segura en la que puedes asegurarte de que tus decisiones vienen de una mente cuerda es dejar que pase una noche para madurar la decisión que estás a punto de tomar. Permíteme que me explique. Cuando empecé a salir con chicas, hice un pacto conmigo mismo de que no tomaría ninguna decisión final a voz de pronto. En mi caso eso significaba que si salía con una chica, no importaba cuánto quisiera cogerle la mano o besarla, esperaría hasta que me hubiera ido a casa y hubiera dormido una noche pensando en esa decisión. Cuando me despertaba al día siguiente, si seguía sintiendo lo mismo, entonces lo hacía siempre y cuando le pareciese bien a ella también. No te puedo decir cuántas veces ese principio me ha librado de la más total catástrofe, no sólo en mi vida amorosa, sino en cada área de mi vida. Tomar decisiones con una mente sobria es la única manera de vivir la vida a salvo.

Pauta 4: No salgas de casa sin tu paz.

Hay tantos factores que influyen para ser una persona saludable y para vivir una vida sana. La paz es uno de esos factores sin el que no puedes salir de casa. Muchas veces, a lo largo de mi vida, me he encontrado en batallas épicas luchando por la posesión de mi propia paz. Estas guerras no se caracterizan por el sonido de una trompeta que avisa de la presencia del ejército enemigo, ni por la presencia de soldados que están a plena vista con sus corazas y espadas en el campo de batalla. El campo de batalla está en nuestras mentes y el enemigo son las mentiras que se nos cuelan sin ser detectadas. Si estás vivo, has experimentado estas batallas.

Los enemigos contra los que luchamos se manifiestan disfrazados de inseguridad, ira, soledad, rechazo, autocompasión, frustración, etc. Y aunque estos sentimientos no son malos, si no se les presta la debida atención, se convertirán en algo tan destructivo como el diablo mismo. Una de las cosas más importantes que hay que saber acerca de estos sentimientos es que necesitan atención inmediata porque tienen una gran influencia sobre nosotros. Me refiero a estos sentimientos como "banderas rojas". Cada "bandera roja", ya sea la soledad o la inseguridad, te hace extremadamente vulnerable.

Por ejemplo, un adolescente que está saliendo con alguien y que se siente inseguro y no ha tratado con esto antes de salir de casa, corre el gran riesgo de intentar suplir esa necesidad de seguridad con algún tipo de encuentro sexual. Así que la meta aquí es reconocer las "banderas rojas" y tratar rápidamente *antes* de salir de casa supliendo esa necesidad de una manera *sana*.

Hace unos tres meses, me desperté a las 7:00 a.m. para darme cuenta de que mi cerebro ya había estado despierto y procesando durante bastante tiempo. Al estar echado en la cama, estos pensamientos de inseguridad atravesaban mi mente uno a uno dándose a conocer. Durante un segundo, pensé en echarlos a un lado y volver a dormir, esperando que, de alguna manera, desaparecieran. Pero cuanto más tiempo estuve ahí tumbado, más me daba cuenta de que estos "saboteadores" no iban a irse de manera pacífica. La inseguridad empezó a invadir toda mi alma. Tuve que decidir si la ignoraba o si luchaba contra ella.

Al pensar sobre esto, decidí que irme de casa con un corazón hambriento y sin paz era muy probablemente una muy mala idea. Ya que era mi día libre, decidí invertir la mayor parte de las siguientes tres horas tumbado en la cama, leyendo mi Biblia, escuchando a Dios y procesando lo que estaba pasando. Decidí ganar la guerra antes de que se acabase el día. A medida que pasaba el tiempo terminé desarraigando todas las mentiras que estaban induciendo mi inseguridad y la paz volvió a mí.

Antes de salir de casa, tómate un momento para ver si tienes alguna "bandera roja" en el corazón. Si es así, protégete al igual que a tu entorno tratando con esa bandera de manera inmediata. Sin embargo, hay veces en las que las circunstancias no te permiten tratar con estas cuestiones de la manera apropiada. En esas ocasiones, debes estar muy consciente de cómo te sientes y debes intentar no tomar ninguna decisión importante hasta que puedas tratar con tu problema para volver a estar sano.

Crecer

Todos los seres humanos nacen en este mundo con una serie de necesidades que Dios ha señalado que van cambiando a medida que crecen. Por ejemplo, si alguna vez has tenido que cuidar de un bebé, sabes exactamente de lo que estoy hablando. Durante los primeros años de su vida, el bebé demanda toda nuestra atención. Se invierten incontables horas para alimentar a ese bebé, rellenarle su biberón, acunarle, besarle, limpiarle, lavarle su pequeño trasero y cuidar de cada una de las necesidades con las que se enfrenta la humanidad. Los bebés están en la etapa de dependencia y son incapaces de suplir sus propias necesidades.

Cuando los niños van creciendo y llegan a madurar hasta ser adolescentes, cuando pasan de ser completamente dependientes a ser independientes. En la etapa de la independencia, sus necesidades empiezan a cambiar. Ya ni necesitan ni quieren que mamá y papá les limpie la nariz o que les vistan por la mañana. Ahora tienen la necesidad de sentirse poderosos por sí mismos y capaces de cuidarse. Necesitan estar libres de la "esclavitud" de tener una "madre helicóptero" que sobrevuela sobre ellos durante todo el día intentando suplir sus necesidades. Éstos son los años en los que los chicos aumentan la confianza en su habilidad para solucionar problemas y para aprender a tomar buenas decisiones en presencia de los adultos que les pueden guiar.

Al madurar desde la adolescencia hasta la edad adulta, pasan de la etapa de independencia al nivel más alto de vida que es la interdependencia. Interdependencia quiere decir que yo presto mi ayuda para ayudarte a que seas todo lo que puedes ser y tú me prestas tu fuerza para ayudarme a ser todo para lo que fui creado. La interdependencia surge de la creencia fundamental que nunca llegamos a tener todo lo que necesitamos en nosotros mismos sino que juntos podemos llevar a cabo cualquier cosa. Este nivel de vida es muy importante porque no hay forma en la que, en esta vida, puedas suplir todas tus necesidades sin tener otras personas en tu vida, ni tampoco puede ninguna otra persona suplir todas sus necesidades sin otras personas.

No obstante es bastante corriente encontrar personas que nunca han pasado de la mentalidad de adolescente a la de adulto; por lo tanto, viven sus años adultos como islas en sí mismos intentando convertirse en todo lo que pueden por sí mismos. Estas personas viven vidas rotas y enfermizas.

El factor Dios

Aprender a suplir nuestras necesidades de una manera sana es algo vital porque cuando nuestras necesidades no son suplidas terminamos en un mundo de dolor. Es importante darse cuenta que hay necesidades que sólo Dios puede suplir y que hay necesidades que las personas deben suplir. El desafío es entender cada papel para que podamos estar completos, sin que nos falte nada. Dios es la fuente principal de dirección, protección, consuelo, restauración, identidad y amor. No hay nadie en este mundo que pueda ofrecernos una seguridad y amor inalterables como Dios. Somos sorprendentes porque fuimos creados en su imagen. Somos amados porque Él dio su vida por nosotros. Estamos a salvo porque Él sostiene el mundo en la palma de su mano. Somos consolados por el Espíritu Santo (el Consolador) vive en nuestro interior. Somos sanos porque Él ha provisto sanidad a través de la cruz y tenemos un futuro porque como dice una paráfrasis de Jeremías 29:11: *"El plan de Dios es darnos un futuro y una esperanza"*.

En el momento en el que ponemos a alguien o a algo a cargo de suplir nuestras necesidades, nos metemos en líos. Sé lo que estás pensando, ¿no se supone que debemos sentirnos amados y aceptados por otras personas? Hay una diferencia entre ser amado y sentirse amado. Por ejemplo, en una relación de novios, tenemos una gran necesidad de sentirnos valorados y amados por la persona con la que estamos. Sin embargo, no somos dignos de amor porque le gustemos, somos dignos de ser amados a causa de lo que Dios dice acerca de nosotros y a causa de cómo Él nos ha creado. Ahora bien, si no nos valoran ni aman como persona, entonces tenemos una relación que no va a ninguna parte. No podemos estar con alguien que no nos ve como Dios nos ve... no funcionará.

Si le echas un vistazo a como fue creado el hombre, es muy fácil ver que los hombres y las mujeres fueron diseñados para estar juntos en una relación de pacto. En Génesis 2:18 Dios decide que *"no es bueno que el hombre esté solo"*, por lo que tomó la costilla de Adán y creó una ayuda idónea para él. Cuando te paras a pensarlo, Adán tenía una necesidad tremenda de tener intimidad. Necesitaba una compañera, una amante, una socia para la vida. Dios sabía que la única manera en la que podría suplir estas necesidades era tomando algo diseñado para proteger su corazón (una costilla) y formar una esposa con eso.

Todos fuimos creados para ser adorados y para vivir relaciones íntimas. Si esto no es una realidad en nuestras vidas, somos como la persona a la que le falta hierro en la sangre. Nos debilitamos y nos volvemos anémicos, deseando obtener la aceptación de alguien que nos conoce en profundidad. La intimidad es tan importante porque es como recibimos el más alto nivel de amor.

Cuando alguien conoce lo bueno, lo malo y lo feo de nuestras vidas y siguen escogiendo amarnos a pesar de ello, experimentamos una aceptación incondicional. Algunas personas definen la intimidad como "viendo en mi interior". Las personas que tienen miedo de la intimidad nunca llegan a sentirse amados. Echan por tierra cualquier tipo de afecto o afirmación ofrecida porque creen que si los demás les conociesen de verdad les rechazarían. Por lo tanto, llegan a la conclusión de que la única razón por la que la gente les ama es porque no les conocen de verdad. La intimidad permite que Dios nos ame a través de Su pueblo.

Querido John

El verdadero riesgo de la intimidad es que te rompan el corazón. "Querido John, en los próximos párrafos de esta carta te voy a devolver todos los bellos trozos de tu vida que me fueron entregados." Éstos son los tipos de cartas que todos tememos. Hay pocas cosas en la vida que sean tan dolorosas como una rotura romántica. En un momento, cada memoria que solía traernos sentimientos cálidos de cariño es transformada de forma repentina en un estanque de dolor. Pero no hay manera de tener una aventura en el amor sin enfrentarse con el riesgo de un corazón roto. De hecho sólo podemos ser amados hasta el punto en el que se nos puede herir, así que el riesgo es parte del proceso. Sin embargo, entender cómo se atraviesa una rotura no da la confianza para conseguir una relación íntima sin temor.

La mayoría de la gente ha invertido tanto tiempo evitando el dolor que no tienen ni idea de qué hacer cuando se encuentran con él. La respuesta más común es ignorarlo y enterrarlo en lo profundo de nuestras almas esperando que, de alguna manera, algún día, se evapore. Esto no podría ser más falso.

Cuando estamos intentando atravesar el dolor es importante que admitamos lo que estamos sintiendo. Al admitir lo que está ocurriendo en nuestro interior, podemos encontrar un final para nuestro dolor. Mateo 5:4 dice: *"Bienaventurados los que lloran porque ellos serán consolados"*. Sin el lloro, no hay consuelo para nuestras almas.

Los niños nacen sabiendo de manera instintiva cómo procesar el dolor. Si has estado con niños, sabrás que derraman lágrimas ante el dolor más insignificante. A diferencia de la mayoría de los adultos, tienen la peculiar habilidad de poder tratar con la desilusión. En varias ocasiones he visto cómo un niño se ha sentido rechazado por otro, ha llorado un poco y, al final de la velada, está otra vez jugando con el mismo niño. ¿Cómo puede ocurrir eso? Han llorado por los sentimientos dolorosos que tenían dentro, han recibido consuelo y se han olvidado del asunto. Cuando tratamos con el dolor, cada pensamiento que nos duele debería ser procesado y llorado hasta que recibamos consuelo. *NO* evitándolo podrás llegar a vencer el corazón roto y ser libre del dolor.

Me he dado cuenta de que las mejores formas de procesar el dolor es escribirlo en un diario o cantar sobre él. Aunque no te lo creas, mucha de la música que escuchamos y que nos gusta empezó como proceso que alguien utilizó para vencer el dolor. Tenemos que ser honestos con cómo nos sentimos y por qué nos sentimos así, pero no queremos quedarnos ahí. Tenemos que meter a Dios en el cuadro. Por ejemplo, si nos sentimos traicionados, deberíamos escribir sobre por qué nos sentimos así, llorar acerca de ello, pensar sobre ello y cuando hayamos terminado, preguntar a Dios lo que Él piensa sobre todo el asunto. Cuando hayamos hecho eso, preguntarle cómo ve a la persona que sentimos que nos ha traicionado. Al verles a través de los ojos de Dios, nos conectamos con la compasión que Él tiene hacia ellos a pesar de lo que nos hicieron. Ahora es el momento perfecto para perdonarles por todas las cosas que acabamos de escribir. Este es el proceso del perdón.

Una vez que la relación llega a su fin y empieza el proceso, es el momento de poner nuevos límites a nuestro corazón. A menudo alargamos el proceso de sanidad de nuestros corazones porque no los protegemos al explorar las vidas de nuestros romances anteriores. Es tan tentador meterse en Facebook y ver las fotos de los novios de nuestra exnovia mientras que lloramos hasta quedarnos dormidos. Si nuestra relación se acabó, tenemos que hacer que salgan de ese lugar de nuestro corazón. Lo que tenemos que comprender es que explorar a alguien crea pasión en nuestro interior. Cuando creamos pasión que no podemos satisfacer, estamos induciendo a nuestras almas con una esperanza que se romperá en el momento que nos enfrentemos con la realidad. Para poder sacar a alguien definitivamente de nuestros corazones, tenemos que evitar que nuestras mentes exploren las posibilidades de lo que esa relación podría haber llegado a ser y tratar con lo que no ha sido. No está mal dejar de estar con esa persona hasta que nuestro corazón haya tenido tiempo para sanar. Hay pocas cosas más importantes que cuidar de nosotros mismos. Si no podemos cuidar de nosotros mismos, no podremos cuidar de los demás.

Ya seamos la dama en apuros o el caballero de la reluciente armadura, la flecha de Cupido encontrará su blanco. El amor frecuentemente llega de las maneras más inesperadas; como una tormenta en un día soleado que raramente anuncia su llegada hasta que ya la tenemos encima. Pero para aquéllos que saben cómo abrazar la lluvia, el derramar del amor es una caminata romántica a través del parque en vez de ser un sepulcro lleno de agua. Al continuar, mucho más allá de los límites de este libro, necesitamos poner la meta de nuestro corazón en ser un mayordomo sobre todo lo que abarca el amor. Debemos permitir que nuestra pasión por la pureza nos impulse a tomar los pasos prácticos para aprender a desarrollar un plan, comunicar lo que hay en nuestro corazón y a proteger las necesidades del otro. Es hora de quitarnos las fachadas del amor e incitar a una revolución sexual.

Nota

1. Nota de la traductora: siglas utilizadas en los mensajes de texto en vez de "besos"

CAPÍTULO 6

INCITAR UNA
REVOLUCIÓN SEXUAL

Muchas de nuestras costumbres en la ceremonia de bodas en Estados Unidos tienen sus raíces en tradiciones judías. Las damas de honor y los acompañantes del novio son un ejemplo de ello. Históricamente hablando, una boda judía duraba siete días. Se montaba la tienda nupcial (tálamo) en medio del festejo y después de haber hecho los votos, la pareja entraba en la tienda para consumar su pacto. Los recién casados hacían el amor por primera vez y el novio cogía las sábanas de la cama y las colgaba por fuera de la tienda para que todos los invitados las viesen; de esta manera mostraba la sangre del hímen roto de la novia (algunas personas denominan a esto una "cereza"). Entonces es cuando empezaba la celebración. La novia y el novio se quedaban en la tienda durante la semana entera mientras que los invitados celebraban fuera. Aquí es dónde tenían un papel las damas de honor y los acompañantes del novio; servían a la pareja nupcial en el tálamo para que se lo pudiesen pasar bien sin tener que salir.

Me resulta gracioso que, a diferencia de la cultura judía que acabo de describir, que honra la relación sexual en el contexto del matrimonio, hay un alto nivel de vergüenza unido a la mayoría de las camas matrimoniales en los Estados Unidos. Hay muchas razones por las que la culpa, la desgracia y el dolor emocional reinan como entes supremos en el matrimonio estadounidense. Nuestra sociedad ha divorciado casi por completo el tema de la sexualidad del matrimonio y de la familia y, así, más que nunca antes, la gente está experimentando una cultura que es directamente hostil con el punto de vista bíblico sobre el sexo. Como resultado, la educación sexual tradicional que muchos jóvenes recibieron en su época de crecimiento no concuerda con la marea de propaganda con la que se encuentran en esta cultura mundana.

Una cosa de la que todos nos tenemos que dar cuenta acerca de esta propaganda es que no se trata de sexo sino de lascivia; en su mayor parte tiene que ver con el dinero. Los mayores promotores de la versión mundana del sexo son hombres de negocios que sacan millones de dólares de todo esto. Ya que la lascivia vende bien, han cambiado nuestro estándar sexual para poder incrementar su clientela. Odian la virginidad y el matrimonio porque van en contra de sus beneficios y, por consiguiente, hacen todo lo que está en sus manos para incitar a las multitudes contra la virginidad, la pureza y las relaciones de pacto. La industria del entretenimiento y de la pornografía parece que está haciendo horas extra para intimidar a los vírgenes para que, a su vez, se conviertan en clientes de su máquina global de sexo. Intentan hacer que cualquiera que no se someta a su maquinaria se sienta, como poco, como un perdedor patético y, aún más, como un caso patológico de locura, alguien que va a traspié con las mentalidades posmodernas de nuestro tiempo. En la guerra esto sería considerado como conspiración, pero en un negocio, se le llama estrategia agresiva de marketing.

Nunca se les ocurre a estas personas que "llevarse al huerto a todo lo que tiene patas" no es una revolución sexual ni una mentalidad posmoderna. De hecho, esta perversión es más vieja que Sodoma y Gomorra.

Vírgenes valientes

En nuestra cultura, casi todas las personas se han visto defraudadas por el violento ataque de la pornografía y de cualquier otro tipo específico de medio de comunicación que está saturando nuestra sociedad. La tragedia es que muchas personas que se ven "embarradas" por estas cosas están atormentadas por el espíritu de la vergüenza. Les mienten y les dicen que ya no son puros. Creo que este estado cenagoso es una de las sombras que afectan a los matrimonios estadounidenses. Necesitamos escuchar y experimentar las buenas nuevas de que estas mentiras no se tienen que quedar aferradas a nosotros. Es hora de que los que están viviendo vidas santas y sexualmente puras salgan del armario y tomen una postura a favor de vivir de manera justa. Es hora de que los vírgenes valientes y justos, al igual que las parejas casadas, se cansen de estos millonarios ignorantes que les hacen tragar, a la fuerza, sus pervertidas ideas. Debemos terminar con la tiranía de niños pequeños violados y adolescentes convertidas en rameras en nombre del entretenimiento, mientras que estos enfermizos hombres de negocios ríen de camino al banco.

La mojigatería es otra perversión

Una de las razones principales por las que las estrategias de los pornógrafos han tenido éxito en el pasado es que la gente justa ha sobrerreaccionado contra la perversión y han hecho del sexo un secreto y hasta un acto impuro que hay que soportar para poder tener hijos. La era victoriana está intentando perpetuar su híper-mojigatería en la sociedad haciendo que sea tabú hablar del sexo en la iglesia, en las sinagogas, en los grupos de chicos y chicas o hasta en las familias. Que Dios no permita que alguien se entere de lo que mamá y papá hacen en su habitación por la noche. ¿No va siendo hora de que dejemos de seguirle el juego a las almas pervertidas que están perdidas en su basura y se ven destruidas por la culpa?

Este tipo de sobrereacción a la perversión se ha convertido en otra perversión, una que se aleja aún más de la verdad concerniente al sexo. De hecho, una de las razones principales por la que tantos jóvenes se alejan cuando oyen el mensaje de la pureza y por la que sucumben al evangelio humanista del mundo es que, hasta cierto punto, el mundo tiene razón en lo que se refiere al sexo. El mundo dice que el sexo es bueno, divertido, natural y sano y eso es cierto. El problema con el evangelio sexual del mundo es que no afirma lo suficiente al sexo; subestima y hasta niega el poder del acto sexual y no entiende las ramificaciones que tiene el sexo en las almas y en los espíritus de las personas involucradas en el acto. Pero el mundo ya ha ganado a la iglesia cuando los cristianos compran la mentira de que el sexo es inherentemente malo.

Es hora de que amantes puros y casados les hagan saber a los jóvenes vírgenes el secreto de la belleza de las experiencias sexuales transcendentales. Las personas solteras tienen que entender cuál es la diferencia entre "llevarse a alguien al huerto" y las aventuras de amantes puros que se han unido a través del matrimonio. Estos amantes tienen sus espíritus entrelazados hasta que se convierten en una canción, tocada con el instrumento de amor eterno y practicada a través de los episodios de una devoción atemporal. Es en este lugar en el que el acto sexual se reviste de manifestaciones triples; espíritu, alma y cuerpo fluyen de uno a otro, creando un río supremo de intimidad apasionada. Este es el verdadero acto sexual.

Amantes de pacto

En contra de la opinión popular, Dios no es un destruye-gozos cósmico. No es Dios el que prohíbe a la gente a que entienda la sexualidad. Habló abiertamente sobre el sexo a lo largo de todo su Libro. De hecho, el sexo fue su idea. Lo empezó todo cuando dijo, "Sean fructíferos y multiplíquense..." (Génesis 1:28). Con estas cuatro palabras, Dios inició el impulso sexual de toda la raza humana. Cuando Dios terminó de crear el mundo y de darle a la humanidad su impulso sexual, dio un paso atrás y lo observó todo desde cierta distancia. Entonces hizo este comentario: "Muy bueno" (Génesis 1:31). O sea que aquí el mojigato no es Dios.

La manera en la que el Fabricante nos diseñó para que hiciésemos el amor es muy interesante. Déjame que explique lo que quiero decir. Dios quería que la sexualidad fuese expresada solamente dentro de los límites del pacto matrimonial. Lo hizo porque el propósito del sexo no es simplemente dar placer, sino también crear familias como acabamos de ver en Su primer mandamiento a la raza humana. La evidencia que respalda este propósito se puede ver en la manera en la que nuestros cuerpos fueron diseñados.

Durante años los científicos han estado asombrados sobre el papel que juega el hímen en el cuerpo de una mujer. (El hímen es una membrana en la abertura de la vagina de la mujer que contiene sangre. Normalmente se rompe la primera vez que la mujer hace el amor). Parece que no hay ninguna razón física o propósito para su existencia. Lo que es más, cuando se rompe y la sangre es derramada, nunca se vuelve a sanar y cerrar (como cualquier otra parte del cuerpo haría) ni se vuelve a llenar de sangre.

Un día me di cuenta de por qué el Creador les dio a las mujeres un hímen. Quería que los niños nacieran dentro de una relación de pacto entre un esposo y una esposa. Por lo tanto, se hizo de sangre para que un pacto de sangre se ratificase antes de que los hijos fueran concebidos. ¿Puedes ver que el acto sexual mismo nos habla de la intención de Dios de que los hijos salgan de la intimidad del pacto matrimonial? Él podría haber hecho que la reproducción se llevase a cabo de diferentes maneras, como observamos en la naturaleza. Pero diseñó a la raza humana para que se reprodujese a través de un acto que conlleva placer y requiere una extremada cercanía física. Esto habla del deseo de Dios de que los hijos nazcan de la intimidad y del deleite compartido por unos esposos amantes.

Pactos

Espero que a estas alturas hayas empezado a ver que la versión de Dios sobre el sexo sólo puede ocurrir cuando es una expresión de algo más profundo en el corazón del hombre y de la mujer: un pacto de amor. El matrimonio debe ser el pacto más profundo y vinculante del planeta porque es una promesa de amarse el uno al otro con el mismo amor de pacto con el que Dios nos ama.

Este tipo de amor hace que cada una de las partes que forman el matrimonio se comprometa a cuatro principios principales. Primero, la pareja acuerda que su matrimonio sólo puede ser roto por la muerte de uno de ellos. Segundo, la pareja promete que está dispuesta a vivir y a morir el uno por el otro. En otras palabras, el enfoque de cada miembro del pacto es, "Estoy en esta relación por lo que te pueda dar, no sólo por cómo me pueda beneficiar". *El verdadero amor de pacto se expresa en un estilo de vida generoso y nada egoísta.* Con esa promesa, la pareja también promete ser completamente fiel al otro y se compromete a considerar sus cuerpos como si le perteneciesen a la otra persona, como enseñó el apóstol Pablo: "La mujer ya no tiene derecho sobre su propio cuerpo, sino su esposo. Tampoco el hombre tiene derecho sobre su propio cuerpo, sino su esposa" (I Corintios 7:4). Y, finalmente, la gente que está en pacto se desnuda junta como Adán y Eva en el huerto. No quiero decir que tenemos necesariamente que ir por la casa sin ropa puesta, lo que quiero decir es que deberíamos dejar nuestra armadura en la puerta una vez que entramos en casa. Deberíamos permitirnos ser vulnerables, impresionables, enseñables y corregibles con nuestro cónyuge; deberíamos ser profundamente influenciados por nuestro amante.

Los escritos antiguos nos dicen que Adán "conoció" a Eva y que ella concibió y dio a luz a Caín y a Abel (ver Génesis 4:1-2). La palabra hebrea para "conoció" es *yada*. No quiere decir que Adán tuviera sexo con Eva (la Biblia asume que sabes eso sin que se te diga); quiere decir que Caín y Abel fueron concebidos a causa de una relación personal profunda entre Adán y Eva. En otras palabras, los chicos nacieron de la intimidad y no de un mero acto sexual. La mera presencia de nuestros hijos debe recordarnos el pacto de amor que compartimos con el otro. Cuando los hijos son concebidos en amor en vez de en lascivia, sus corazones se convierten en tablas donde los esposos escriben sus cartas de amor el uno al otro. El resultado de este tipo de relación es que sus hijos se sienten seguros y no fuera de lugar; tienen una auto-estima saludable porque sus padres les valoran.

El matrimonio es más que una ceremonia. Es el misterio de la maravilla desinteresada, el pegamento del amor eterno y el acto sexual de dos almas que entran y salen la una de la otra hasta que sus límites finitos dan lugar a la unión infinita y sobrenatural con el Creador mismo. Me has oído bien. Cuando un hombre y una mujer unen sus corazones en un amor verdadero y atemporal, ocurre una cosa sorprendente; invitan a su Padre Eterno a que se una a ellos para formar una cuerda de tres hebras, una unión inquebrantable arraigada en esferas celestiales. Dos individuos forman una unidad. Este es un misterio que no puede ser explicado; sólo puede ser experimentado. Un profeta llamado Malaquías habló sobre el resultado de este misterio hace mucho tiempo. Dijo que el Creador del universo "busca descendencia dada por Dios" (Malaquías 2:15). Cuando el acto sexual es un acto de pacto, el Creador se une al matrimonio y la unión sexual se convierte en una invitación para que el linaje piadoso pueda surgir.

Vivir juntos

Hay un contraste muy agudo entre el pacto matrimonial y las relaciones de cohabitación. La gente que vive junta sin estar casada a menudo se excusa diciendo que el matrimonio es tan sólo otro trozo de papel. Pero si el matrimonio es simplemente otro trozo de papel, entonces ¿por qué no lo firman? La verdad del asunto es que aquéllos que viven juntos no firman el certificado matrimonial porque sus relaciones no están edificadas en el fundamento del amor de pacto sino en que se suplan las necesidades de cada uno. Como resultado, utilizan el temor al abandono para manipular a su compañero y así sacar lo que quieren. El mensaje no dicho pero no por eso menos claro de vivir juntos es, "Estoy en esta relación siempre y cuando me satisfagas. El día que no me hagas feliz, me voy de aquí". En otras palabras, la gente que vive junta no quiere hacer ningún acuerdo que dure para siempre porque eso les quitaría el factor de inseguridad que usan para mantener a su compañero bajo la presión de actuar de una cierta manera.

Aquéllos que viven juntos lo tienen muy difícil a la hora de decidir el comprometerse con alguien para el resto de su vida porque ese tipo de compromiso significa que tendrán muy poco control sobre cómo su compañero les trate en un futuro. En una relación de pacto, es más fácil hacer un compromiso de por vida porque entramos en el matrimonio por lo que podemos ofrecer a la relación y aunque no podemos controlar lo que la otra persona vaya a hacer, siempre podemos controlar nuestro propio comportamiento.

El espíritu de Judas

Denomino el vivir juntos como la expresión primaria del "espíritu de Judas" porque, como en la fiesta de despedida de Jesús, Él le dijo a su equipo: "…uno de ustedes me va a traicionar" (Juan 13:21). Ninguno de Sus chicos sabía quién era el que iba a dar la puñalada trapera hasta que Jesús sugirió que hicieran un pacto. Ahí es dónde Judas decidió que se iba de ahí. Más tarde Judas traicionó a Jesús con un beso porque *el espíritu de Judas siempre quiere tener intimidad sin tener un pacto.*

Este espíritu de Judas es muy prominente en nuestra cultura. Empezó a dominar la mentalidad de nuestro país y esto se ejemplifica de muchas maneras. Por ejemplo, en nuestra sociedad se ha convertido en algo común el hecho de que los niños sean concebidos en una noche de locura o en un arrebato de pasión. Los hombres duermen con las mujeres sin pensar acerca de ser padres de los hijos que están concibiendo. Vivimos en una cultura que desea la intimidad sin la responsabilidad y el placer sin el compromiso.

El espíritu de Judas también afecta a la manera en la que mucha gente se casa. Estas personas confunden la boda con el matrimonio, con el resultado de dos vidas individuales que nunca llegan a unirse en una unión santa. Tenemos que entender que no importa lo bonita que sea la boda, nunca tomará el lugar del matrimonio. Me parece una locura cuanto esfuerzo emplean algunas personas en su boda y, después, unos años más tarde, cuánto se llegan a gastar en su divorcio. Parece que nunca se les llega a ocurrir que, si hubieran invertido la mitad de ese esfuerzo en su matrimonio, hubieran tenido una vida sorprendente.

Una generación sin padre

Una de las consecuencias destructivas que el espíritu de Judas ha creado en nuestra cultura es un escenario que se asemeja grandemente a los reyes de antaño que tenían muchas esposas y concubinas. Las esposas tenían una relación de pacto con el rey, como resultado, llevaban el nombre del rey y sus hijos tenían una herencia. Pero las concubinas del rey no tenían una relación de pacto; así pues, no llevaban el nombre del rey y sus hijos no tenían herencia. Básicamente, sus hijos eran bastardos sin padre.

Aunque vivimos en una sociedad democrática, y no en una monarquía, en la que los mismos derechos civiles son otorgados a cada ciudadano, el daño que la falta de padre crea en la vida de un niño es muy real. La herencia que recibimos de nuestros padres es más que una mera seguridad, provisión y amor; es una herencia de identidad. Los hijos que crecen sin la influencia de un padre luchan durante sus vidas de formas que ni siquiera entienden, de formas que tienen sus raíces en el hecho de que su persona no ha sido reconocida ni afirmada por sus padres.

Vivimos en la que es, probablemente, una de las generaciones con menos padres en la historia del mundo. Otras culturas y generaciones han experimentado la falta de padres porque las guerras mataban a gran parte de la población masculina, pero esta generación estadounidense es diferente. Somos una generación sin padres porque la gente está eligiendo la promiscuidad, vivir juntos y el divorcio en vez de las relaciones de pacto. Aún las personas que se casan en los Estados Unidos, a menudo, están más preocupadas por ganar un dólar que por alimentar a su familia. Es importante que entendamos cómo afectarán mañana, a las vidas de tantas personas, las decisiones que tomamos hoy.

Zona de guerra

Mi padre murió cuando yo era pequeño y mi madre se volvió a casar al poco tiempo. Mi madre y padrastro tuvieron un hijo al que llamaron Kelly. Su matrimonio se desintegró cuando Kelly tenía 5 años. Después de su divorcio, el padre de Kelly solía llamar, borracho, como una vez al mes para ejercer su derecho de visita. Solía decir: "Voy a recoger a Kelly a las cinco esta tarde. Por favor, tenle preparado". Kelly se ponía muy contento de que iba a ver a su papá y hacía la maleta temprano, por la mañana. Un par de horas antes de la supuesta llegada de papá, cogía su maleta de Superman y se sentaba en el porche. Siempre insistía en esperarle fuera. Se quedaba ahí sentado todo el tiempo hasta que se hacía de noche, no importaba el tiempo que hiciera.

Cuando se hacía de noche finalmente yo salía y le decía: "Kelly, ¿por qué no entras ya? Se ve que tu papá no va a venir".

El insistía: "Mi papá viene. ¡Sé que viene!".

A medida que pasaban las horas, se hacía un ovillo y se dormía encima de su maletita de Superman. Yo le recogía y le llevaba a la cama. Este patrón siguió igual durante años con el resultado de unas heridas muy profundas y un corazón roto.

A causa de la necesidad, los niños que sobreviven en

este ambiente a menudo se convierten en niños independientes y rebeldes porque han aprendido que no pueden confiar en la gente, especialmente en aquéllos que ejercen autoridad sobre ellos. Hay tantos Kelly en el mundo que, una de dos, o han nacido fuera de una relación de pacto o han experimentado como sus padres rompen el pacto a través del divorcio. Hay tantos otros que tienen madres y padres que ejercen de padres como pasatiempo o como un trabajo adyacente pero que tras lo que van de verdad es el "éxito". Cuando las relaciones de amor no están presentes en las vidas de los niños, otro mensaje empieza a escribirse en sus corazones; no es una carta de amor sino una de rechazo y de abandono. Estas cosas son esculpidas en sus tiernos corazoncitos a través de palabras rudas y noches solitarias.

Incitar una revolución

Esta falta de cuidado y de responsabilidad debe parar. Hay una vieja canción de la década de los sesenta que decía:

> ... ¿Cuántas muertes se necesitarán hasta que
> sepa que demasiadas personas han muerto?
> La respuesta, amigo mío, está soplando en el
> viento
> La respuesta está soplando en el viento[1]

Los vientos del cambio vuelven a soplar. Es hora de que se incite una verdadera revolución sexual por medio del descubrimiento, la protección y la manifestación del poder puro y de la belleza del sexo dentro del pacto. La hora ha llegado para que nos despertemos y nos demos cuenta de que todos estos pactos quebrantados están destruyendo toda una generación. Alguien dijo una vez que si no tienes una postura en cuanto a algo, te valdrá cualquier cosa. Es hora de tomar una postura, de ganar el premio, de traer a casa el trofeo —el trofeo de un amor de pacto— del matrimonio sobrenatural y de una familia saludable. Los Kelly del mundo están esperando con sus maletas de Superman, esperando a ser rescatados de esta locura. ¿Te convertirás en un súper héroe o serás un villano más? ¡El cielo y la tierra esperan tu respuesta!

Nota

1. Bob Dylan, "Blowin' in the Wind", *The Freewheelin' Bob Dylan* (Free Rider Music, 1962, 1990)

CAPÍTULO 7

EL ROMANCE DIVINO

Total, ¿de qué va todo esto? Quiero decir, ¿por qué estás en este planeta? ¿Por qué estás vivo? ¿Lo has considerado alguna vez? ¿Eres un error celestial o el resultado de algún eructo cósmico? ¿Es cierto que tu tatatarabuelo era una ameba? ¿De verdad crees que algún primo lejano estaba arrastrando los nudillos por el suelo de alguna jungla? Si tu respuesta es "sí" a cualquiera de estas preguntas, no necesitas seguir leyendo este capítulo.

Creado para el deleite de Dios

La Biblia dice: "En el principio *Dios creó…*" (Génesis 1:1). Eso es lo que yo creo. Dios creó al hombre a Su imagen porque quería tener compañerismo eterno. No necesitaba nuestra compañía pero la quería. El salmista lo dice así, "Porque el Señor se complace en su pueblo…" (Salmo 149:4). Eso es así, se deleita en nosotros. No solo nos tolera, ¡nos celebra!

Cuando Dios en un principio creó a la humanidad, los creó varón y hembra y les dijo que se reprodujeran, que llenaran la tierra y que gobernaran sobre sus habitantes (ver Génesis 1:27-28). Este planeta iba a ser el primero de muchos reinos donde la humanidad gobernaría con Él (ver Daniel 7:27). Dios nos estaba preparando para reinar juntamente con Él. Es por esto por lo que no puso el huerto de Edén a prueba de niños. Plantó dos árboles en el huerto para que Adán y Eva aprendieran cómo tomar decisiones sabias. La tierra tenía que ser la guardería para el entrenamiento real de la humanidad.

En el siguiente capítulo de Génesis, vemos algunas pistas de cómo y por qué Dios creó a la humanidad de la manera en la que lo hizo, para poder llevar a cabo nuestro destino divino de reinar con Él:

> *Y Dios el SEÑOR formó al hombre del polvo de la tierra, y sopló en su nariz hálito de vida, y el hombre se convirtió en un ser viviente... Luego Dios el SEÑOR dijo: «No es bueno que el hombre esté solo. Voy a hacerle una ayuda adecuada.» Entonces Dios el SEÑOR formó de la tierra toda ave del cielo y todo animal del campo, y se los llevó al hombre para ver qué nombre les pondría. El hombre les puso nombre a todos los seres vivos, y con ese nombre se les conoce. Así el hombre fue poniéndoles nombre a todos los animales domésticos, a todas las aves del cielo y a todos los animales del campo. Sin embargo, no se encontró entre ellos la ayuda adecuada para el hombre. Entonces Dios el SEÑOR hizo que el hombre cayera en un sueño profundo y, mientras éste dormía, le sacó una costilla y le cerró la herida. De la costilla que le había quitado al hombre, Dios el SEÑOR hizo una mujer y se la presentó al hombre, el cual exclamó: «Ésta sí es hueso de mis huesos y carne de mi carne. Se llamará "mujer" porque del hombre fue sacada.» Por eso el hombre deja a su padre y a su madre, y se une a su mujer, y los dos se funden en un solo ser* (Génesis 2:7,18-24).

Lo interesante es darse cuenta de que la Biblia no dice que Adán pidió una compañera para poder reproducirse. Dios dijo que Adán estaba *solo* y que necesitaba una *ayuda*. ¿Cómo estaba solo? Estaba solo porque había un vacío relacional en su corazón ya que Dios le había creado a Su imagen. Dios es, en Sí mismo, una relación, un intercambio íntimo de amor y amistad. A diferencia de todo lo demás en su creación, hizo a la humanidad para que se relacionase tanto con Él como con los demás en esta relación de amor. Hasta que Dios creó a la mujer, no había nadie en el huerto con quién Adán se pudiera relacionar de la misma manera cómo se relacionaba con su Dios. Y para que Adán pudiese reproducirse y tener hijos que serían a la imagen de Dios, como hemos visto, el proceso de reproducción tenía que ser parte de una amistad íntima, amante y fiel que reflejase la relación que Dios quería que tuviéramos con Él.

Así que Dios arregló la soledad de Adán haciéndole dormir y haciéndole pedazos. Desde ese punto en adelante, Adán se relacionaría con su esposa de la misma manera como se relacionaba con Dios porque ella le completaba de la misma manera que lo hacía Dios. El hombre fue manufacturado como un receptáculo de Dios, por así decirlo, un lugar para que su Creador se pudiera enchufar a su alma y así completase el circuito de su vida. Dios encaja perfectamente en el hombre porque fue creado para el deleite de Dios y para compañía. Y cuando Dios sacó literalmente a la mujer del costado del hombre, creó un vacío similar que solo podía ser llenado por ella. Sin ella, Adán carecía del resto de sí mismo.

Te darás cuenta de que, después de este incidente,

la Biblia nunca vuelve a mencionar a las mujeres cuando enumera una multitud. Es porque Dios sabe que se necesita tanto varón como hembra para hacer una persona completa. Esta versión divina del matrimonio está en el centro absoluto del corazón de Dios y de Su voluntad hacia la humanidad. Milenios más tarde, Él reveló a su pueblo que su destino final era casarse eternamente con su Hijo, ser la esposa de Cristo.

Vivir siendo solteros

La idea de que hemos sido creados para experimentar esta plenitud a través del matrimonio tiene muchas implicaciones. Para empezar, implica que ser soltero es un estado en el que Dios no quiere que la mayoría de la gente esté a lo largo de toda su vida. El apóstol Pablo creía que ser soltero era mejor para el ministerio, pero reconocía que para ser soltero se requería un "don de Dios" (1 Corintios 7:7). La palabra *don* en este pasaje quiere decir "una capacitación sobrenatural que proviene de Dios"[1]. Es la misma palabra que la que se utiliza cuando habla de los *dones del Espíritu* en el libro de 1 Corintios (ver 1 Corintios 12:1). Estar soltero durante toda la vida requiere una capacitación especial del cielo porque se necesita a un hombre y a una mujer para crear una persona completa. ¿Cómo sabes si has recibido el *don de soltería* de Dios? Es sencillo. Pablo dijo que la vida de soltero es preferible, pero que "es preferible casarse que quemarse de pasión" (I Corintios 7:9). No se supone que debes permanecer soltero toda tu vida si ardes con pasión por el sexo.

Las verdaderas ayudas

Una de las formas en las que los hombres y las mujeres se completan los unos a los otros la vemos en lo que Dios dijo, "No es bueno que el hombre esté solo; le haré ayuda idónea" (Génesis 2:18). Algunos hombres han redefinido la palabra *ayuda* para que quiera decir "esclava". Pero la palabra *ayuda* se utiliza 19 veces en la Biblia. Trece de estas veces se refieren a Dios (ver Deuteronomio 33:7, 26, 29; Salmos 20:2, 33:20, 70:5, 115:9-10, 115:11, 121:1, 124:8, 146:5). Solo dos veces aparece en relación con la mujer (Génesis 2:28, 20). Las mujeres nunca fueron creadas para que fuesen las esclavas de los hombres. Fueron creadas para relacionarse con los hombres de la misma manera en la que los hombres se relacionan con Dios. Tampoco estoy hablando de que los hombres idolatren a las mujeres. Lo que quiero decir es que las mujeres fueron creadas para ser amadas por los hombres y que fueron diseñadas para satisfacer el deseo de romance del hombre.

Cuando Dios dijo que haría ayuda idónea para Adán, se reveló algo muy interesante acerca de los géneros. La palabra hebrea traducida por "idónea" significa "opuesto a"[2]. La cuestión es que los hombres y las mujeres no son iguales, a pesar de la opinión popular y la corrección política. No estoy intentado estereotipar a los géneros. Lo que estoy diciendo sencillamente es que las diferencias observables en los cuerpos de los hombres y las mujeres son típicos de las distinciones que se encuentran en el resto de su ser. Como nuestros cuerpos, nuestras naturalezas como hombres y mujeres fueron creadas para complementarse los unos a los otros.

Sé que esto es difícil de oír para algunas mujeres porque los hombres las han oprimido durante generaciones. Recuerda, las mujeres estadounidenses ni siquiera podían votar en este país hasta 1920. Para empeorar las cosas, la religión ha sido una herramienta escogida para ejercer mucha de esta opresión, aunque la Biblia, en especial el Nuevo Testamento, daba poder a las mujeres en una mayor medida que cualquier documento escrito de la época. Tal vez te rechinen los dientes cuando leas esto, pero es cierto. La Biblia fue escrita en una época en la que la cultura era muy similar a la de Afganistán de los años 90. Si lees la Biblia desde la óptica de su momento cultural, entenderás que revolucionó el papel de las mujeres y les dio poder en la sociedad de su día.

Cuando la Biblia fue escrita, las mujeres eran tenidas por propiedad de los hombres, se utilizaban para tener hijos y cuidar de la casa. Así que cuando sus escritores decían cosas como, "Así mismo el esposo debe amar a su esposa como a su propio cuerpo. El que ama a su esposa se ama a sí mismo" (Efesios 5:28), fue revolucionario. O considerad esta otra, "De igual manera, ustedes esposos, sean comprensivos en su vida conyugal, tratando cada uno a su esposa con respeto, ya que como mujer es más delicada, y ambos son herederos del grato don de la vida. Así nada estorbará las oraciones de ustedes" (1 Pedro 3:7). Escucha lo que Pedro está diciendo: Caballero, puede que seas más fuerte que tu esposa, pero deberías honrarla como *coheredera*, de no hacer eso ¡Dios no escuchará tus oraciones! ¿Lo entiendes? Dios no va a escuchar tus oraciones si no tratas a tu esposa con honor. Las mujeres deben ser tratadas con respeto y honor como personas que van a heredar el trono junto con los hombres.

Dios nunca tuvo la intención de que las esposas se sometieran a los hombres que abusan de ellas y que las tratan como si fueran basura. Las esposas han sido llamadas a someterse a los hombres que las aman y las dan poder como coherederas, personas que reinan juntas. Los líderes que intentan convencer a las esposas de que sean los "punching bags"[3] sumisos de hombres encolerizados en el nombre de Dios deberían hacerse examinar sus cabezas. No estoy abogando aquí por el divorcio (aunque pueda ser necesario en ciertos casos extremos). Sencillamente digo que si Tarzán se quiere comportar como un animal, debería quedarse en la jungla solito hasta que sea divertido estar con él.

Déjame aclarar que los hombres y las mujeres son diferentes pero iguales. Cuando Dios creó a los hombres y a las mujeres, les dio la misma autoridad. No fue hasta que hubieron desobedecido a Dios que la mujer fue puesta bajo el hombre como parte de la maldición de la humanidad. Jesús nos redimió de la maldición de Adán y Eva. Así que la pregunta es: ¿Cuándo vamos a darle el mismo poder a las mujeres?

Pensar de diferente manera

Los hombres y las mujeres piensan de maneras diferentes. Esto se puede demostrar de forma metafórica por la manera en la que fuimos creados. La mujer fue tomada del costado del hombre y creada de una costilla, algo que se encuentra muy cerca del corazón. Las mujeres tienen la tendencia a pensar desde su corazón, entendiendo la vida intuitivamente a través de una especie de sexto sentido. Pueden percibir más fácilmente las circunstancias y los problemas de raíz de las personas y no se suelen desviar con los hechos y las estadísticas que a menudo descarrilan a los hombres. Los hombres, por otra parte, suelen pensar desde la cabeza. Frecuentemente les dan más valor a los hechos, los datos, las estadísticas y la lógica. Pero si los hombres y las mujeres no entienden el valor de las diferencias en sus perspectivas y razonamientos, pueden devaluarse mutuamente. Los hombres pueden devaluar las dimensiones más intuitivas, proféticas y espirituales de la vida y las mujeres pueden devaluar una perspectiva formada principalmente por hechos y estadísticas.

Por favor, entiende lo que estoy tratando de comunicar aquí. No estoy intentando deshonrar a ninguno de los dos géneros para nada. Sé que las mujeres y los hombres tienen la misma inteligencia. Esto ha sido probado una y otra vez en los tests de CI. También sé que las mujeres no son ilógicas ni irracionales por naturaleza. Tampoco estoy diciendo que los hombres no sean intuitivos o proféticos. Simplemente estoy intentando comunicar lo que he aprendido después de 35 años de matrimonio y de miles de horas aconsejando a parejas. *Los hombres y las mujeres no son iguales.* Es evidente que nunca voy a ser elegido para ningún puesto político después de haber dicho esto, pero no estoy intentando ser presidente. Sin embargo, sí estoy intentando ayudarte a que tengas unas relaciones maravillosas con el sexo opuesto. Recuerda, Dios nos hizo diferentes porque necesitábamos ayuda idónea. Cuanto más entendamos y apreciemos nuestras diferencias, más podremos beneficiarnos y recibir la ayuda que necesitamos los unos de los otros.

Cuando Kathy y yo nos casamos, no entendía para nada ni al matrimonio ni a las mujeres. Era tan ignorante que ni siquiera era gracioso. Mi madre se volvió a casar dos veces una vez que mi padre hubo muerto. Mis padrastros crearon una familia plenamente disfuncional porque no entendían la vida familiar. El hecho de crecer sin un modelo saludable hizo que mi matrimonio se convirtiera en una especie de laboratorio donde se practicaban diariamente experimentos relacionales. Tengo varios "chichones reveladores" en la cabeza que me recuerdan los experimentos fracasados de laboratorio en el sótano familiar. De hecho, pasé una época en la que recibí tantos chichones reveladores en la frente que estuvieron a punto de cambiarme el nombre por "Chichoncín". Directamente no valoraba la opinión de Kathy, cuando tomábamos decisiones y ella se negaba a constatar los hechos que le habían hecho llegar a sus conclusiones. Decía cosas que empezaban con, "siento que…", "me preocupa que…", "no me parece bien que…", y muchas más.

Yo le contestaba con preguntas como: "¿Qué te molesta de esto? ¿Por qué te sientes así?".

"No lo sé", me solía responder. "¡Sencillamente me siento así!"

"'Sencillamente me siento así', no es una razón", solía discutir con ella. "Dame hechos. Dime una razón por la que ésta sea una mala decisión." La mayor parte del tiempo se rendía a la hora de seguir intentando convencerme de que tenía razón y yo prevalecía con mi lógica y razonamiento.

Pero lo que aprendí con el tiempo, a medida que muchas de mis decisiones empezaron a convertirse en errores, fue que sus "me parece" y "esto me preocupa" a menudo daban más en el clavo que los "hechos". A medida que los años han ido pasando, he aprendido a invitar al resto de mí, mi otra mitad, mi esposa, a que forme parte de todas mis decisiones. Y ella ha aprendido a hacer lo mismo. Hemos sido creados para estar juntos. Somos una carne, un misterio que parece que se desvela a medida que pasa el tiempo.

El sexo en el matrimonio

Otra diferencia importante entre los géneros es la manera en la que tratamos el sexo. Los hombres, generalmente, tienen intimidad para poder tener sexo. Para un hombre, el sexo es el clímax, la meta final del vínculo matrimonial. Las mujeres, por otra parte, tienen sexo, generalmente, como medio para tener intimidad. Quieren sentirse cerca, cuidadas, mimadas como expresión principal de su vínculo matrimonial.

Pienso que las únicas personas que piensan que estas diferencias no importan son personas que todavía no se han casado. El hecho de entender las plenas ramificaciones de estas diferencias genéticas es esencial para tener un gran matrimonio. Verás, si lo piensas, la realidad es que si cada persona que está en esta situación va a sacar lo que verdaderamente quiere, va a tener que poner sus deseos y necesidades a un lado y trabajar para amar a la otra persona. Este principio está presente a lo largo de toda la vida. Para poder crecer en amor, tienes que darlo. Dios lo hizo de tal manera que el hecho de invertir sin egoísmo el uno en el otro, en la cama matrimonial como en cualquier otro aspecto de la relación matrimonial, es la única manera en la que cada cónyuge pueda recibir lo que él o ella necesite o desee.

Incubar o cultivar

La Biblia dice: "El Señor Dios tomó al hombre y lo puso en el huerto para *cultivarlo* y mantenerlo" (Génesis 2:15). Lo que he observado es que los hombres fueron creados para ser cultivadores y las mujeres fueron creadas para ser incubadoras. El marido cultiva el huerto del corazón de su esposa, y ella incuba las simientes de vida que él planta en su alma. Un esposo le da a su mujer esperma. Ella lo incuba y le da un bebé. Él le compra una casa, ella lo transforma en un hogar. Él trae a casa el beicon y ella hace la comida. El esposo habla palabras de gracia a su esposa y ella incuba esas palabras y le da una canción. (Déjame que aclare otra vez, no estoy intentando estereotipar los géneros ni estoy intentando limitar hasta dónde llega el papel o la ocupación de los géneros. Sencillamente estoy intentado subrayar que la manera en la que los hombres y las mujeres ven la vida es bastante diferente a veces).

Una vez más, la realidad de "dos se convierten en uno" es que todo lo que siembres en tu relación te es devuelto. Es por esto por lo que el apóstol Pablo da el siguiente consejo, como leímos anteriormente:

> *Así mismo el esposo debe amar a su esposa como a su propio cuerpo. El que ama a su esposa se ama a sí mismo, pues nadie ha odiado jamás a su propio cuerpo; al contrario, lo alimenta y lo cuida, así como Cristo hace con*

la iglesia... y que la esposa respete a su esposo (Efesios 5:28-29, 33b).

Cuando un esposo y una esposa toman como prioridad mutua el sembrar amor y respeto en su relación matrimonial, no pueden dejar de recoger una rica cosecha de bendición en sus vidas.

Notas

1. Concordancia New American Standard, "Don", palabra griega *charisma*.
2. Ibíd, "Idónea", palabra hebrea *neged*.
3. Nota de la Traductora: éste es un término anglosajón utilizado para describir los saquitos pequeños que usan los boxeadores para su entrenamiento

CAPÍTULO 8

AFECTO SANTO O ATRACCIÓN FATAL

Un día, entré en el santuario de nuestra iglesia y me di cuenta de que había seis chicas jóvenes de pie al fondo de la habitación pasando el rato, riéndose y hablando. Al acercarme, me di cuenta de que eran estudiantes de la escuela de ministerio. Pensé: *Vaya, esas chicas son preciosas.* Decidí abrirme paso hacia ellas para decirles lo bonitas que eran. Pero, al empezar a caminar en su dirección, de repente una vocecita en mi cabeza empezó a hablar: "Te convendría tener cuidado. ¿Qué pensará la gente? ¡Van a pensar que estás haciendo de estas chicas un objeto sexual! No se van a fiar de tus motivos. *¡Cuidado! ¡Cuidado! ¡Ten cuidado! ¡Peligro! ¡Peligro!*".

Empecé a dar la media vuelta para ir a otro sitio cuando oí otra voz en mi cabeza que decía: "Tú no estás haciendo de esas chicas un objeto sexual. Tus motivos son puros. Nunca has tenido sexo con nadie con la excepción de tu esposa (hasta en tu mente), durante más de 37 años. Eres un padre para ellas. Tu afecto hacia ellas es santo".

Una guerra empezó a lidiarse en mi interior; me quedé paralizado sin saber exactamente qué hacer. De repente, tuve una visión de mis dos hijas, Jaime[1] y Shannon. Jaime y Shannon son jóvenes preciosas y siempre han sido grandes amigas. Jaime tiene 18 meses más que Shannon y mientras crecían se criaron en la misma habitación (junto con su enorme pastor alemán, Sansón, que solía meterse con ellas en la cama y las tiraba al suelo). Cuando tenían 12 y 14 años, respectivamente, viajaron juntas a China, México y Rusia y a otros países. Pero cuando se hicieron adolescentes tuvieron experiencias muy diferentes al empezar a salir e interactuar con los chicos. Aunque ambas eran muy atractivas, Shannon era la que tenía todas las citas y a Jaime nunca nadie le pidió salir. Si había algún evento social en nuestra ciudad, cinco o seis chicos solían invitar a Shannon para que les acompañase, pero nadie se lo pedía a Jaime. El teléfono no paraba de sonar y siempre era para Shannon, y, después de cierto tiempo, Jaime se negó a coger el teléfono a causa del dolor del rechazo que experimentaba. Cuando venían los chicos jóvenes a recoger a Shannon, Jaime se iba corriendo escaleras arriba, se tiraba en su cama y se deshacía en un mar de lágrimas. Así que yo corría escaleras arriba detrás de ella y la sostenía en mis brazos. Escondía su rostro en mi pecho y decía a través de las lágrimas: "Papá, ¿qué me pasa? ¿tengo algo malo? Papá, ¿soy fea? Papá, ¿soy guapa?".

Le solía decir: "Jaime, ¡eres taaaaaaaaaaaaaaaan bonita! Eres una joven sorprendente. Pero Dios te está escondiendo hasta que el hombre correcto aparezca. Ya verás. Tu príncipe vendrá algún día. Venga, vístete. ¡Vamos a salir!".

Se arreglaba y yo la sacaba y me aseguraba de que tuviera la salida de su vida. De hecho, salí con ella más que con Kathy durante esa época. Unos pocos años después, Jaime conoció a su príncipe llamado Marty, como le dije que pasaría. Él es un hombre cariñoso y amable, un hombre por el que merece la pena esperar. Ama a Dios y a Jaime y está dedicado a su familia. Estoy muy orgulloso de ellos. Son los pastores principales de una iglesia que está llena de vida en la costa de California, y tienen dos hijos maravillosos, Mesha y Micah.

Afecto santo

Al salir de esta visión, tuve una revelación. El mundo está lleno de Jaimes, mujeres hermosas y hombres guapos que parecen estar escondidos por alguna razón. Al darme cuenta de esto, me quedé ahí parado con lágrimas en los ojos preguntándome cuántos de ellos no tenían un papá en casa que les recordase su belleza durante sus años de escondite. Me pregunté qué le hubiera ocurrido a Jaime si no hubiera estado yo ahí para consolarla durante esa época. ¿Hubiera buscado el amor en todos los lugares equivocados, sometiéndose a los deseos sexuales de los hombres para intentar reparar su corazón roto?

Al final, no me pude aguantar más y, en ese momento decidí que, siempre y cuando mi corazón fuese puro, nunca dejaría que el mundo volviera a dictar cuál debía ser mi comportamiento. Me di la media vuelta y volví al lugar donde estaban esas chicas. "¡Chicas, son tan bonitas!" dije. "Lo digo en serio. Son unas mujeres tremendas. Estoy muy orgulloso de ustedes".

Se rieron como si las hubiera avergonzado un poquito, pero sus rostros me contaron la verdadera historia. Estaban resplandecientes al darme las gracias por el cumplido. Esas chicas fueron diferentes desde ese día en adelante.

La perversión

De lo que me di cuenta a propósito de esta experiencia es que la perversión tiene un ecosistema que la sustenta, perpetúa y alimenta. A medida que la perversión crece en una sociedad, la gente empieza a retener su afecto para que no se les vea como predadores sexuales. Al retener su afecto, el hambre de amor empieza a crecer en la tierra. En una sociedad hambrienta de afecto, las personas privadas de amor empiezan a bajar su estándar sexual para obtener algún tipo de afecto. Al romper sus barreras morales para conseguir esto, la perversión crece. Esto, por supuesto, hace que aún más gente retenga su amor y el proceso continúa y continúa. Hace miles de años, el rey más sabio jamás nacido, el rey Salomón, escribió, "… al hambriento, hasta lo amargo le es dulce" (Proverbios 27:7). Para la gente hambrienta de amor, hasta el afecto pervertido es mejor que no tener nada de amor.

Una de las manifestaciones de este ecosistema pervertido es que, en la mayor parte del mundo, la línea divisoria entre el sexo y el amor está tan difusa que la gente habla de los dos como si fuesen una misma cosa. Hay una enorme diferencia entre hacer el amor y "llevarse al huerto" a alguien. *El sexo no está directamente relacionado con el amor a ningún nivel.* De hecho, decir que el sexo es amor es como decir que porque viajaste en avión eres un astronauta.

Hay varias ramificaciones y manifestaciones de la malentendida diferencia entre el sexo y el amor. La más obvia es que las personas a las que se les ha enseñado que el sexo es amor piensan que alguien les está mostrando amor cuando están teniendo sexo con ellos. Si esto fuera remotamente cierto, las rameras y prostitutas serían las personas más amadas del planeta. No debería tener que deciros que esto no es verdad. Como cantaba Tina Turner, "¿Qué tiene que ver el amor con esto?".[2]

Amor santo

Seguramente, la mayor confusión proviene del otro lado del espectro. Estoy hablando de las personas que verdaderamente aman a alguien pero que no entienden que el sexo y el amor no están directamente relacionados, y, por lo tanto, piensan que sus relaciones de amor deben tener un componente sexual. A raíz de esta dinámica crecen todo tipo de relaciones insanas. Algunos padres llegan a abusar de sus hijos pensando que les están mostrando afecto. Sí, llega a ser así de raro.

Cuando los hombres aman a otros hombres o las mujeres aman a otras mujeres sin entender la diferencia entre el amor y el sexo, a menudo piensan que su afecto hacia personas del mismo sexo les hace ser un homosexual o un bisexual. Lo que no comprenden es que no hay nada malo en que tengas un amor profundo hacia alguien del mismo sexo. El amor no dicta tu preferencia sexual, de la misma manera, el sexo no puede dictar a quién amas. Hay un gran ejemplo bíblico de esto en la relación entre Jonatán y David. Cuando Jonatán, que era el hijo del rey Saúl, se encontró con David por primera vez, la Biblia dice, "...el alma de quedó ligada con la de David, y lo amó Jonatán como a sí mismo" (1 Samuel 18:1). Muchos años después mataron a Jonatán en la batalla. Cuando le trajeron las nuevas a David, dijo, "Angustia tengo por ti, hermano mío Jonatán, que me fuiste muy dulce. Más maravilloso me fue tu amor que el amor de las mujeres" (2 Samuel 1:26 RV60).

Las personas que leen estos versículos a través de la óptica de la perversión dicen que Jonatán y David tenían una relación homosexual. No hay trazo de evidencia de esto en la Biblia ni en ningún relato histórico de sus vidas. Pero, en nuestra sociedad, algunas personas han confundido el sexo con el amor y están intentando volver a escribir la historia para validar su fallida relación o su distorsionada visión del mundo. Para la gente no ha sido fácil aceptar el hecho de que Jesús, que es el mayor maestro y ejemplo del amor incondicional, permaneció en un celibato total a lo largo de toda Su vida. La verdad es que Jesús definió y demostró el amor como sacrificio y no como sexo.

Hay tantas buenas personas en nuestra sociedad que han sido guiadas de una manera errónea y han estado confusas por no comprender el amor de Dios. Algunas de estas personas salen con las ideas más extrañas para justificar sus erróneos conceptos. El otro día escuché a un tipo en la televisión que intentaba convencer a la gente sobre el hecho de que la homosexualidad es un estilo de vida normal. Dijo: "Los perros macho montan a otros perros macho. Esto prueba que tener sexo con el mismo sexo es la forma en la que funciona la Madre Naturaleza". Recuerdo los tiempos en los que actuar como un perro era considerado como algo negativo. Espero que no empecemos a orinarnos en los árboles de nuestros vecinos o a defecar en sus jardines ya que los perros también lo hacen. También se huelen los traseros los unos a los otros y se chupan sus partes íntimas. ¡Algunas personas son tan ridículas! Tener sexo con alguien del mismo sexo es una perversión—la versión errónea. Pero es saludable y normal amar a otras personas de la manera en la que Jonatán y David se amaban.

Lazos anímicos saludables

Otra dinámica saludable que vemos en la relación entre estos dos hombres piadosos es que sus almas estaban "unidas". Se habla mucho acerca de los "lazos anímicos" en los círculos cristianos de hoy en día. Deberíamos resaltar que existe el lazo anímico positivo con personas diferentes de tu cónyuge. Entiendo que esto es algo difícil de oír en la sociedad pervertida en la que vivimos, pero está en la Biblia. Sin embargo, deberías tener cuidado a la hora de tener una relación con un miembro del sexo opuesto cuando estás casado. También he aconsejado a lo largo de los años a muchas personas que han desarrollado una amistad más íntima fuera de su matrimonio que la que tienen con su propio cónyuge. Esto se convierte en algo muy raro y, con el tiempo, destruye su matrimonio.

Ninguna debería tener *jamás* un lugar más alto en tu corazón que la persona con la que estás casado, con la excepción de Jesús. El matrimonio transciende el mero lazo anímico a causa del sexo. A través del sexo, la gente casada se convierte en "una sola carne". La Biblia lo dice de esta manera: "Por eso dejará el hombre a su padre y a su madre y se unirá a su esposa, y los dos llegarán a ser un solo cuerpo" (Mateo 19:5). Las personas que se casan se convierten, de forma literal, en una persona. Esta realidad sobrenatural va más allá de los lazos anímicos y arraiga, o une, a las parejas casadas en el centro mismo de su existencia. El apóstol Pablo llamó a esto *misterio* (ver

Efesios 5:31-32). Este misterio no se puede explicar; sólo se puede experimentar.

Pero el mismo apóstol que nos enseñó que el vínculo matrimonial es un misterio sobrenatural, también dijo que tener sexo con alguien crea este mismo vínculo con esa persona. Escribió, "¿No saben que el que se une a una prostituta se hace un solo cuerpo con ella? Pues la Escritura dice: «Los dos llegarán a ser un solo cuerpo»" (1 Corintios 6:16). Así que, tener sexo con varias personas crea este misterioso vínculo sobrenatural con esas personas, a través del cual te conectas con ellos desde la raíz misma de tu existencia. Y, a través de estos vínculos, las realidades espirituales en las que caminan esas personas empezarán a influenciarte. Es como cuando pegas dos tablas y después intentas separarlas. Cada tabla se queda con las astillas rotas de lo que solía ser una sola pieza de madera. Las ataduras que no son saludables creadas a través de encuentros emocionales o sexuales pegan la esencia misma de lo que eres con otras personas. La separación de estas personas te deja fracturado y confundido. Cuando escoges la pureza después de haber vivido en promiscuidad, estos lazos sobrenaturales y poco sanos tienen que ser rotos. Puedes ser liberado de ellos a través del arrepentimiento de tu pecado. El arrepentimiento significa pedir perdón por hacer lo que Dios te dijo que no hicieras, y significa cambiar tu mente y decidir que no está bien comportarse así. Después, hay que pedirle a Dios que les devuelva todas las partes que llevas de las personas con las que tuviste sexo y pedirle que te devuelva las tuyas que ellos llevan también. El resultado de esto será que volverás a estar completo.

Espero que puedas ver que hay una distinción entre un lazo anímico y un vínculo sexual. Tanto los lazos anímicos como los vínculos sexuales pueden ser saludables o no. Una pareja que desarrolla un lazo anímico saludable y después se casa, probablemente tendrá un gran matrimonio porque su vínculo sexual les ayudará a fortalecer su amistad y su amistad hará del sexo una expresión de amor. Pero, una vez más, quiero enfatizar que puedes y debes tener lazos anímicos saludables y no sexuales, estés o no casado; puedes y debes tener amistades amorosas y afectivas con las personas que tienen tu mismo corazón.

Crear un ecosistema saludable

El mundo está clamando por amor y está buscándolo en lugares incorrectos. Aprender a separar el amor y el sexo es el principio del desarrollo de una cultura sana de afecto santo. En cinco ocasiones diferentes la Biblia dice, "Saludaos los unos a los otros con un beso santo", o "Saludaos los unos a los otros con un beso de amor" (ver Romanos 16:16; 1 Corintios 16:20; 2 Corintios 13:12; 1 Tesalonicenses 5:26; 1 Pedro 5:14). Crecí en una familia española. Todos nos besábamos en la mejilla cuando nos saludábamos, fuese varón o hembra, joven o viejo. No se hacía distinción. El afecto era una parte enorme de nuestra herencia latina y contribuyó muchísimo a nuestro sentido de conexión como familia.

La gente está hambrienta por tener verdadero amor manifestado a través de un abrazo, un beso santo o un halago que reafirma. Pero para que esta cultura se pueda volver a establecer, necesitamos tener padres y madres saludables que se levanten y que no tengan una agenda extraña en medio de su "beso santo" o "abrazo amoroso". En otras palabras, debemos tener corazones puros, motivos limpios y mentes sanas antes de poder restaurar el afecto santo. Debemos darle la media vuelta a esta ola de perversión y entrar en una que esté motivada por un amor verdadero. Las Jaimes del mundo están esperando a que pillemos este concepto. Parece que cada vez que nos damos la media vuelta, escuchamos de otro líder famoso que ha caído en algún tipo de pecado sexual. Debemos luchar por tener corazones justos para que podamos ver cómo nuestra rota, pervertida y abusada cultura es restaurada y reformada.

Atracción fatal

Sin embargo, tenemos que estar preparados para algo que puede ocurrir al empezar a mostrar afecto con motivos puros a personas que están *sedientas de amor*. La Biblia dice que "el mundo no puede soportar que haya una mujer rechazada cuando ésta tiene marido" (Proverbios 30:21-23). Hace muchos años, había una mujer, a la que llamaremos Jane, que trabajaba para mí en mis tiendas de repuestos mecánicos. Conducía uno de nuestros camiones de reparto y era una de las mejores empleadas que jamás tuve. Cuando inauguramos una segunda tienda de repuestos en otra ciudad, Jane y yo empezamos a hacer juntos, de manera regular, ese viaje de una hora de duración. Me encanta cantar y, por eso, llenaba la cabina del camión con canciones divertidas de la década del sesenta. Al ir y venir en el camión durante ese año me enteré de muchas cosas sobre la vida de Jane. Su padre había abusado de ella sexualmente. Su esposo, habiéndose criado en un ambiente poco sano, luchaba a la hora de mostrarle afecto. Me tiré horas aconsejando y confortándola durante nuestros viajes.

Entonces, una tarde después del trabajo, sonó mi teléfono de casa. Lo cogí y descubrí que era Jane la que llamaba.

"Hola Jane. ¿Qué pasa?" pregunté.

"He llamado para decirte que sé que me deseas y que yo a ti también", respondió sin cohibirse.

"¿De qué narices estás hablando, Jane?" le pregunté totalmente sorprendido.

"Me has estado cantando canciones de amor durante meses y no puedo aguantarlo más. ¡Debemos tenernos el uno al otro!" dijo, llorando por teléfono.

"No tengo ni idea de lo que estás hablando, Jane. No tengo ningún sentimiento romántico hacia ti. ¡Ninguno!" le dije con voz firme.

"¡Mientes! ¡Me estás mintiendo! ¡Sé que me deseas! ¡Puedo sentir tu amor por mí!", gritó.

¡Estaba petrificado! Fui corriendo al cuarto principal, cogí a Kathy y la puse al teléfono. "Mira, dile a Kathy lo que me acabas de decir", le dije.

Le dijo a Kathy que lo sentía pero que ella y yo estábamos enamorados y que teníamos que tenernos el uno al otro. Kathy habló con ella durante una hora pero no llegó a convencerla de que estaba engañada. Todo esto continuó durante más de un año y cada vez era más raro. En un momento dado, Jane amenazó con matarse si no me podía tener. Después me confrontó tres veces en público creando toda una escena. Todo era muy vergonzoso y triste a la vez. Viví con un nudo en el estómago durante más de un año. Era tan impredecible; siempre estaba temiendo qué haría después. Menos mal que yo tenía una buena reputación y todo el mundo pensó que ella era un poco inestable. El verdadero problema es que Jane no había sido amada anteriormente. Mi amor hacia ella la había sobrecogido y había creado un vínculo enfermizo entre nosotros. No tenía ni idea de que esto estaba pasando en su corazón hasta que fue demasiado tarde. Aprendí una buenísima lección de una manera difícil.

Pero me pregunto cuántas personas se han encontrado juntas en la cama a causa de una atracción fatal. Hay tantas Janes en el mundo, hombres y mujeres que están sedientos del amor del padre, del abrazo de la madre y de amor fraternal, pero no saben cómo procesarlo cuando lo reciben. La gente que tiene corazones rotos y vidas hechas pedazos a menudo se unen a cualquiera que les presta atención. Aún cuando necesiten compasión debemos estar avisados con este tipo de personas. Nos pueden hacer sentir como si fuéramos héroes y alimentan nuestros egos durante un tiempo, pero, con el tiempo, nos chupan la vida misma.

Estas personas necesitan más que amor; necesitan ser sanados y liberados. Lo que requieren es algo que ninguna otra persona puede o debe intentar darles. Verdaderamente esto sólo puede proceder de su Padre celestial. La gente poco sana en este sentido a menudo insiste en tener relaciones exclusivas que se convierten en una de las mejores maneras para discernir si tú o alguien que conozcas es una de ellas. Son celosos de cualquiera al que se le muestre afecto que no sea ellos. Y no importa cuánta atención y afecto les des, nunca es suficiente. Parecen tener un agujero en la planta del pie que les hace perder todo el amor que reciben.

Mantén tu corazón abierto

Está claro que aprender a amar a la gente no es una tarea fácil. Debemos resistir la tendencia de nuestra cultura de sexualizar nuestro afecto y atracción hacia la gente. Debemos aprender a discernir las señales de las personas poco sanas en sus interacciones con nosotros y debemos desarrollar la capacidad de establecer límites saludables con ellas. Y, finalmente, cuando nos encontramos con personas como Jane, tenemos que resistir el deseo de eludir la responsabilidad de mostrar amor a los que nos rodean para protegernos.

Mantener tu corazón abierto para amar es un asunto que dura toda una vida. Vamos a experimentar rechazo, desilusión y otras expresiones de quebranto. Pero si permitimos que nuestros corazones rotos se infecten haciéndonos reaccionar con sospecha, rechazo y frialdad, entonces no pasará mucho tiempo antes de que nos volvamos como las personas que nos hicieron daño. Tenemos que aprender a correr al Señor para que nuestra capacidad de tocar a los demás, confiar y mostrar afecto a las personas se quede intacto. Es verdad que hay muchas personas que han comprometido sus estándares sexuales para poder recibir afecto. Pero también hay personas que tal vez no vivan de manera promiscua pero cuyos corazones están llenos ya sea de amargura o de un temor muy profundo a la intimidad por no haber dado respuesta a su corazón roto. Parecen puros por fuera, pero sus motivaciones son cualquier cosa menos eso. Si estas personas terminan casándose, puede que sean vírgenes la noche de luna de miel, pero los asuntos de sus corazones afectaran seriamente la calidad de su relación matrimonial.

Un matrimonio con éxito y cualquier otra relación similar, solo se puede edificar sobre el fundamente de un amor verdadero, incondicional y no sexual. Este es el tipo de amor que "Todo lo disculpa, todo lo cree, todo lo espera, todo lo soporta" (1 Corintios 13:7). Tal vez dé miedo ser así de vulnerable, pero estar dispuesto a correr ese riesgo es la única manera en la que podemos llegar a experimentar el profundo afecto e intimidad para los que fuimos creados.

Notas

1. Nota de la traductora: *Jaime* es nombre de chica en inglés, se pronuncia "Lleimi", y no tiene traducción al español.
2. Título original de la canción "What's love got to do with it?" (Nota de la traductora). Tina Turner, "What's Love Got To Do With It?" *Private Dancer* (Capitol, 1998, 2000)

CAPÍTULO 9

AL BORDE DE LA DESTRUCCIÓN

Era un día frío de noviembre en Atlanta. Acababa de terminar una conferencia de horario agotador y estaba deseando llegar a casa. Pasé por la zona de seguridad y embarqué, anhelante de tener la privacidad que hay cuando se está entre extraños. Encontré mi fila, organicé mis cosas y finalmente me dispuse a descansar en mi asiento. Al abrocharme el cinturón, sonreí cálidamente al hombre pequeño y de mediana edad que estaba sentado a mi lado, pero no le dije nada. Extendió su mano y se presentó. Le devolví el cumplido y le apreté la mano con la esperanza de que ahí se acabara todo. Sin embargo, parecía ansioso por conectar y me presionó con preguntas acerca de mi ocupación y de mi destino.

Cuando descubrió que era pastor, me hizo saber de manera enfática que era un hombre de negocios judío *liberal* y *ateo*. Pareció sorprendido cuando ignoré su aparente invitación a discutir con él. Asentí con la cabeza, reconociendo su postura. Siguió diciéndome que su compañía hacía zapatos ortopédicos para las personas que tenían problemas con sus pies pero que su negocio nunca había ganado dinero.

"Solía ser consultor", le dije, esperando que este terreno común suavizase el estrés existente entre los dos. Menos mal que le gustó hablar de su negocio, y al continuar con nuestra conversación, empecé a darle las directrices de un plan de negocios para que su compañía tuviese beneficios. Sacó un bloc de notas de su maletín y empezó a tomar apuntes. Tres horas y diez páginas más tarde, mi nuevo amigo tenía una estrategia detallada para que su agonizante empresa tuviera beneficios. Estaba tan emocionado que empezó a insistir en hacerme un par de zapatos a medida para darme las gracias, esto era todo un regalo de $2,500.

Después ocurrió algo totalmente imprevisto. Su rostro cambió, como si de repente se hubiera acordado de que era un ateo liberal y se sintió mal por haberse hecho mi amigo. Me preguntó de repente, "¿Qué piensas sobre el aborto?"

Podía sentir cómo la tensión crecía en el avión. Dejé caer mi cabeza reconociendo que ambos teníamos diferentes sistemas de valores en nuestras vidas. Después pensé en una manera en la que responderle.

"Eres judío, ¿verdad?" le pregunté.

"Sí", dijo a la defensiva. "¡Te dije que lo era!"

"¿Sabes que Hitler persuadió a la gente alemana para que destruyera a más de seis millones de tus antecesores judíos?" El hombre me miró con expectación, así que continué. "Les convenció diciendo que los judíos no eran humanos y luego exterminó a tu gente como si fueran ratas".

Podía ver que tenía su atención, por lo que proseguí. "¿Entiendes cómo los americanos esclavizaron, torturaron y mataron a millones de africanos? Les deshumanizamos para que nuestra constitución no les fuese aplicable y después les tratamos peor que a los animales."

"¿Y qué pasa con los americanos nativos?", insistí. "¿Tienes idea de cómo nos las ingeniamos para cazar a los indios como si fuesen animales, sacándoles de su propia tierra, quemando sus poblados, violando a sus mujeres y asesinando a sus hijos? ¿Tienes alguna pista de cómo gente ordinaria se convertía en crueles asesinos?"

Mi amigo judío estaba silencioso, y sus ojos se llenaban de lágrimas a medida que defendía mi punto. "Hicimos que la gente creyera que los americanos nativos eran salvajes y no verdaderos humanos, y después les tratamos con brutalidad sin ninguna convicción de estar obrando mal. Ahora, ¿entiendes cómo hemos persuadido a las madres para que maten a sus bebés? Hemos cogido la palabra *feto*, que en latín es una palabra que significa "retoño", y la hemos vuelto a definir para deshumanizar a los no nacidos. Les hemos dicho a las madres, 'Lo que llevas en tu vientre no es verdaderamente un bebé; es un feto, tejidos que de repente se convierten en un ser humano segundos antes de salir al exterior'. Al hacer eso, hemos podido afirmar que, en el caso del aborto, se considera que sólo existen los derechos humanos de una persona y después hemos convencido a las madres de que deshacerse del tejido fetal (terminando con la vida de sus propios bebés) es un derecho de la mujer. Nuestra constitución ya no protege al no nacido porque no son personas de verdad. Son masas de tejido sin vida".

En este punto, las lágrimas fluían por sus mejillas. Le miré a los ojos y dije: "Tu gente, los americanos nativos y los americanos africanos deberían ser los mayores defensores de los no nacidos sobre el planeta. Después de todo, sabéis cómo la sociedad puede volver a definir lo que son para poder destruir sus razas. Pero irónicamente, sus razas tienen el mayor porcentaje de abortos de nuestro país.

Alguien sigue intentando exterminar a su gente y no se están dando cuenta de ello. Los nombres han cambiado, pero la trama sigue siendo la misma".

Finalmente, ya no lo pudo aguantar más. Espetó, "Nunca he oído nada así antes. Me he relacionado con las personas equivocadas. ¡He sido engañado!"

Los ciegos son terribles guías turísticos

Mi amigo judío no es el único que ha caído en este engaño. Nuestro sistema legal es tan confuso acerca del origen de la vida que nuestra Corte Suprema de Justicia define lo que las mujeres llevan en sus vientres por cómo se acaba con ello. Permíteme darte un ejemplo de lo que estoy diciendo. En 2005, Scott Peterson asesinó a su esposa, Laci, que estaba embarazada de siete meses. El feto murió también y el mismo sistema legal que permite que las mujeres aborten a sus fetos hasta en el tercer trimestre con el argumento de, "No es verdaderamente un ser humano y, por lo tanto, no está protegido por nuestra constitución", condenó a Scott Peterson por *asesinato doble*[1]. Piénsalo: ¿hay algo más en cualquier otro lugar del mundo que esté definido por las circunstancias de su terminación en vez de por el origen de su concepción?

Por ejemplo, imagínate que conduces un vehículo contra la pared y después, si lo hiciste a propósito, llamarlo un depósito mineral férrico, pero si ocurrió por accidente lo llamases automóvil. ¿Cuán estúpido sería clasificar un vehículo por su terminación en vez de por su concepción? Pero nuestro sistema legal lo hace todos los días. Las personas que necesitan más protección que nadie, ya que no tienen ni voz ni voto, personas como Conner

Peterson, están gritando silenciosamente mientras son exterminados en los vientres de sus madres.

La injusticia continúa cuando llamamos a esos que están a favor del aborto "proelección". La pregunta no es si la mujer puede elegir, sino *cuándo puede elegir*. En casi todos los casos, el acto sexual cuyo resultado fue una concepción fue una elección tomada por un hombre y una mujer, un acto de su voluntad (las violaciones que terminan en embarazos son rarísimas). Pero los seguidores de la "proelección" insisten en que la concepción es algo que se coge, una enfermedad, algo que no se pudo evitar. ¿Cuándo importa la voluntad del niño? ¿Cuándo pueden escoger ellos?

Los bebés empiezan a protegerse

El 24 de octubre de 2006, el mundo se quedó boquiabierto. La historia estaba en primera página en todos los periódicos del país, era el tema de debate de todos lo shows televisivos y era el tema principal de todos los noticiarios de la televisión. El evento era descrito como un descubrimiento sorprendente, una maravilla científica y un milagro médico. No, no fue una nueva cura para el cáncer ni cuerpos extraterrestres encontrados en el desierto de Arizona. Era un feto que se convirtió en un bebé y nació después de 21 semanas y 6 días de gestación. Su nombre es Amillia Sonja Taylor. En el parto, medía 22.5 cm. y pesaba menos de 280 gramos. Cuatro meses después, Amillia fue a casa con su madre y padre, un bebé totalmente saludable.

Sonja Taylor, la madre de Amillia, mintió acerca del tiempo que había estado gestando al bebé (el bebé fue fecundado in Vitro) para que los doctores intervinieran y mantuviesen al bebé con vida. Antes de nacer, la norma era que los bebés eran generalmente inviables fuera del vientre antes de las 24 semanas de gestación[2]. Así que la pregunta es, ¿cómo puede ver la gente a Amillia en la televisión y seguir creyendo que un feto no es un bebé?

El nacimiento del bebé Amillia me recuerda a una historia de la Biblia en la que un hombre rico murió y fue al hades—un lugar que ni siquiera creía que existía mientras estaba en la tierra—donde fue atormentado. Tenía cinco hermanos más que seguían vivos en la tierra y tampoco creían en el Hades por lo que clamó en agonía a Abraham, "Por favor, envía a alguien de entre los muertos para avisar a mis hermanos sobre este lugar". Pero Dios (a través de Abraham) respondió una verdad sorprendente. Dijo: "Si no creen Mi Palabra, tampoco creerán a alguien que vuelva de los muertos" (ver Lucas 16:19-31). Amillia vivió cuando todos creían que era imposible—para los médicos ella era un caso totalmente perdido. Si no crees que un feto es un bebé después de que Amillia volviera de la muerte para mostrarnos la verdad acerca de la vida, entonces tienes un orden del día que no es racional. Y como el hombre rico, me temo que será un despertar muy brusco cuando descubras lo que verdaderamente es real.

La religión nos está matando

Las expectativas falsas que mantienen a la gente en una actitud de negación y engaño han sido muy comunes a lo largo de los tiempos. Al principio del siglo XVII, un científico llamado Galileo, mediante la invención del telescopio, observó que la tierra daba vueltas alrededor del sol y que no era el sol el que rodeaba a la tierra. La Iglesia Católica era la fuerza política de aquel entonces y el descubrimiento científico de Galileo se oponía a la teología de la Iglesia, por lo que el Papa le juzgó por hereje. Las autoridades eclesiásticas le obligaron a renunciar a sus descubrimientos y le impusieron arresto domiciliario, viviendo así los últimos años de su vida. A Galileo no se le permitía decir lo obvio porque era políticamente incorrecto[3]. Mediante un sistema de castigo altamente desarrollado, la Iglesia Católica de su día relegó al público en general a la ignorancia y a las mentiras.

A pesar de que la religión sigue gobernando de manera suprema en el escenario político, ya no es la Iglesia Católica la que define el orden del día político de la era posmoderna sino que lo hace la religión del humanismo secular. Éste es en nuestros días lo que la Iglesia Católica era en los tiempos de Galileo. El humanismo controla el pensamiento popular y, a través de un sistema de castigo altamente desarrollado, mantiene al intelecto contemporáneo en ignorancia, haciendo que cueste reconocer lo obvio y que se aferre a lo tangible.

La Iglesia Católica edificó unas catedrales enormes y maravillosas donde los sacerdotes podían ponerse en pie para proclamar sus filosofías moldeando así las mentes de sus constituyentes y moldeando su realidad. Pero en la era posmoderna, no tienes que ir a la iglesia porque ésta viene a ti. Las pantallas de televisión de hoy en día son las catedrales de ayer y los medios de comunicación son el sacerdocio del humanismo secular. Con sus doctrinas tan bien definidas y las cruzadas evangelistas tan agresivas, estos sacerdotes trabajan para hacer proselitismo de los incrédulos y para crucificar a aquéllos que no se convierten. Podrías decir: "No veo a nadie de los medios de comunicación llevando a nadie a juicio por hereje como hicieron los católicos. Vivimos en un mundo moderno donde se acogen muchos puntos de vista diferentes. "Estados Unidos es la tierra de la libertad de expresión". Bueno, si te crees eso, entonces intenta decirle a alguien de los medios de comunicación que no crees que la homosexualidad es normal o que el aborto esté bien. O intenta aunque sólo sea sugerir al sumo sacerdote de los medios de comunicación que aunque los hombres y las mujeres son iguales, son diferentes. Descubrirás lo que Galileo y sus contemporáneos experimentaron en su día—¡una intensa persecución! En lo que se refiere al humanismo secular, sólo tienes derecho a *su* opinión.

El que tiene las reglas de oro

Muchos doctores y científicos (no todos) se han inclinado hacia esta presión política y rehúsan reconocer lo obvio. Es importante darse cuenta de que los científicos que creen hoy en algo que es políticamente incorrecto tal vez no sean arrestados como hacían en tiempos de Galileo. Sin embargo, serán pobres durante el resto de sus vidas porque el sistema político controla los fondos de la mayor parte de la comunidad científica. En otras palabras, ser políticamente incorrecto siendo científico es equivalente al suicidio financiero.

No te equivoques; abortar es una industria de *90 mil millones* de dólares que da empuje a una parte enorme de la economía global. La Guerra Civil estadounidense tuvo lugar verdaderamente a causa de esta premisa. Los estados del sur no querían dejar la esclavitud porque tenían una economía agrícola y la mano de obra barata de los esclavos era la que la sacaba a flote. La historia se repite.

La invención debería abrir el camino a la innovación

Cuando Galileo hubo perfeccionado el telescopio (en realidad, él no lo inventó), se descubrió un mundo totalmente nuevo. Muchas teorías anteriores se quedaron obsoletas y la astronomía dio un gran paso adelante, o, al menos, lo intentó. Hoy en día, el sonograma es para la medicina moderna lo que era el telescopio para los astrónomos de los tiempos de Galileo. Ahora podemos observar el desarrollo del feto en el vientre materno y ver cómo responde a las diferentes condiciones que tienen lugar en su pequeño medio ambiente. Lo que hemos aprendido a través del desarrollo del feto por medio del invento del sonograma no es menos sorprendente. Debería alterar de manera absoluta el punto de vista moderno sobre el aborto porque ahora podemos ser testigos oculares del hecho de que el feto siente dolor y lucha por el derecho de vivir mientras es comido vivo de manera literal por la solución salina (ácido) que se le inyecta en el vientre de la madre para abortarlo. Pero la extremada presión política aplicada por los sumos sacerdotes del humanismo nos está manteniendo en la edad de piedra de las doctrinas "religiosas" y nos está haciendo que nos aferremos a las teorías que están seriamente pasadas de fecha.

Es absurdo que la ciencia moderna haya trabajado incesantemente para poder recrear, a través de artefactos de miles de millones de años de antigüedad, la historia de las criaturas prehistóricas y proponer un relato completo del ecosistema que existía hace millones de años, mientras se le da vueltas y revueltas persistentemente a la idea de que el feto sea o no un bebé. ¿Cuán en serio piensa la comunidad científica que deberíamos tomarles cuando intentan explicar la evolución del hombre a través del proceso de millones de años, citando lo que ellos consideran "evidencia" del historial del fósil, la prueba del carbono, el cromosoma precedente y las ecuaciones matemáticas, mientras que se niegan a reconocer el origen de la vida en el vientre de una mujer? Si el origen de la vida humana puede verse tan pervertido por la ciencia moderna, deja a cualquier persona con un poco de cerebro con la duda de cómo la premisa científica afecta al resto de sus teorías científicas.

Hasta la fecha, no muchos científicos modernos han tenido todavía el coraje de Galileo sino, más bien, han sucumbido a la presión del orden del día religioso humanista y han intercambiado los hechos por falacias y fábulas. ¿Dónde están los Galileo de nuestros días? ¿Dónde están las almas valientes con mentes brillantes que se niegan a permitir que las premisas de las generaciones pasadas y los órdenes del día políticos de los grupos de especial interés perviertan sus descubrimientos científicos? Científicos de renombre tienen que romper los grilletes de este espíritu religioso y deben iluminarnos sobre el verdadero origen de la vida humana en el vientre de la mujer. Tienen que verificar lo observable y testificar como testigos expertos que son en las cortes supremas de nuestra tierra. La tierra da vueltas alrededor del sol y el feto es un ser humano.

En nuestros días, este asunto comporta una urgencia que nuestros predecesores científicos no tuvieron que enfrentar en la época de Galileo. ¿Cuántas personas sufrían por las suposiciones erróneas de la órbita de la tierra? ¡Ni una! Pero las ramificaciones de la mala identificación del feto están matando niños en todo el mundo a un ritmo de 89 bebés por minuto. Eso quiere decir que en el tiempo que empleas para leer esta línea, dos niños han muerto porque algunas personas sencillamente no creen que sean seres humanos. ¡Eso sí que es una realidad conmovedora! Desde el veredicto de *Roe versus Wade*[4] han muerto más niños a las manos de doctores abortistas de este país que los que han muerto por todas las guerras de la historia estadounidense. Y la pregunta de los 90 mil millones de dólares es: *¿Por qué?*

A las madres se les lavó el cerebro

Vivimos en Trinity Alps, California, durante casi 20 años. Una de las cosas que observamos al vivir en el bosque es que los animales pasivos como los ciervos o las ardillas y hasta los pájaros se vuelven normalmente violentos cuando su progenie se ve amenazada. Coloca la mano en la madriguera de la ardilla, donde están sus crías, y tendrás una revelación de la naturaleza del instinto maternal.

Así que, ¿qué le ha pasado al instinto maternal de las madres humanas? Cuando cambiaron las leyes americanas el aborto se legalizó, pero nuestras leyes no requerían que las mujeres abortaran como las leyes de China. Así que, ¿por qué el cambio de leyes resultó en un millón y medio de abortos al año en los Estados Unidos? En otras palabras, si nuestras leyes no requieren que matemos a nuestros descendientes, ¿por qué lo hacemos? Probablemente no te sorprenderá el hecho de que nuestra nación no perdió el instinto materno en un año, sino que lo hizo de manera gradual erosionándose durante los últimos 150 años a causa de un largo proceso de transformación cultural.

Esta transformación cultural empezó cuando nuestro país pasó de la era agrícola a la era industrial. En la era agrícola, los niños trabajaban en los campos como mano de obra gratuita. La economía alentaba a las personas a tener familias numerosas. Cuanto más grande fuese la familia, más rico sería su linaje. (Esta es la razón por la que la mayoría de nuestros sistemas escolares todavía permiten que nuestros hijos tengan tres meses de vacaciones de verano. Las vacaciones de verano, tradicionalmente, tienen sus raíces en la era agrícola cuando los niños trabajaban en los campos durante la época de cosecha. En aquellos tiempos, si la escuela hubiera seguido durante la cosecha, hubiera dañado o a la economía, si los niños no hubieran podido trabajar, o al sistema educativo, si los niños no podían mantenerse al día con sus compañeros de clase a causa del trabajo).

Pero cuando Estados Unidos evolucionó a la era industrial, los niños pasaron de ser un beneficio a ser una carga. Seguían necesitando cuidados, pero ya no generaban beneficios. Los efectos de este hecho se hicieron patentes en la Segunda Guerra Mundial cuando nuestras mujeres tuvieron que trabajar para mantener el esfuerzo de la guerra ya que Estados Unidos se estaba quedando literalmente sin munición en el campo de batalla y nuestros hombres estaban muy ocupados peleando. A medida que las mujeres, por primera vez, empezaron a participar en el mercado de trabajo a mayor escala, los niños se convirtieron en una pesadilla logística y la sociedad empezó una acelerada transición desde una cultura maternal a una militar.

El papel de la mujer en la sociedad

Otra transición cultural que ha afectado de manera dramática el punto de vista estadounidense concerniente a los niños ha sido el movimiento de los derechos de la mujer. He mencionado con anterioridad que, desde su inicio, las mujeres eran consideradas como ciudadanos de segunda clase en este país y no llegaron a tener ni siquiera el derecho de votar hasta 1920. Pero con el advenimiento de los derechos de la mujer llegó la redefinición del papel femenino. Ya que los hombres controlaban los sistemas de valores de nuestra sociedad, ellos fueron los que determinaron qué virtudes iban a ser mantenidas en un lugar de honor y cuáles iban a ser desdeñadas. En consecuencia, las mujeres obtuvieron derechos iguales pero sólo a causa de que se sometieron a una clonación de género y permitieron que las diferencias de funciones a desempeñar se clasificaran como estereotipadas. Básicamente los hombres dijeron: "Si quieren tener los mismos derechos que nosotros, tienen que cumplir el mismo papel que nosotros".

A menudo me pregunto qué hubiera pasado si nuestras mujeres hubieran dicho a sus esposos, "Te propongo un trato. Tú te quedas en casa con los niños durante un mes y yo voy a trabajar y hago tu trabajo". Tengo la sospecha de que, al finalizar ese mes, los hombres les hubieran dado los mismos derechos a nuestras mujeres muy alegremente sin clonar los géneros. Pero eso no es lo que ocurrió.

Cuando el valor maternal de nuestra sociedad se erosionó, las mujeres se sintieron "atrapadas" en casa criando a sus hijos mientras veían como otras mujeres se unían a los hombres en el aventurado mundo del mercado de trabajo. No pasó mucho tiempo sin que los niños se convirtieran en piedras de tropiezo de esa gran aventura y fueron sacrificados en el altar del materialismo.

¿Es la evolución un hecho?

Mientras las mujeres estaban arreglando su papel en la sociedad, otra fuerza poderosa empezó a emerger en nuestro país. Se introdujo el Darwinismo en nuestro sistema educativo por primera vez al principio de la década de los sesenta. Aunque la teoría de la evolución de Darwin llevaba rondando desde mediados del siglo XIX, adquirió relevancia en el pensamiento moderno durante la revolución sexual. En mi opinión, la revolución sexual propinó el ambiente perfecto para que el Darwinismo emergiera porque la gente estaba violando sus propios valores morales y estaba buscando una manera en la que evitar dar una respuesta ante Dios por la culpabilidad que estaban experimentando. Charles Darwin le dio al mundo la excusa que necesitaba para vivir como el infierno sin responder ante el cielo.

El darwinismo básicamente proclama que toda la vida, incluyendo la humana, evolucionó a raíz de la misma fuente durante miles de millones de años, y este argumento creó tres importantes transiciones básicas en nuestra manera de pensar. Primero, en lugar de que se enseñase que los humanos habían sido creados a la imagen de Dios, como solía pensar la gente, los estudiantes aprendían que sus antecesores no habían sido divinos sino semejantes al mono. Esta transformación cambió la manera en la que la sociedad valoraba la vida humana porque reducía la humanidad a monos listos y elevaba al reino animal al valor de los humanos. Los humanos han cazado animales desde el principio de los tiempos, por lo que es fácil ver cómo este sistema de valores afectaba la manera en la que veíamos y tratábamos a nuestra propia especie. Ahora protegemos a los animales y matamos a los bebés.

Segundo, la teoría de la evolución nos dijo que hemos surgido a partir de una serie de accidentes cósmicos que ocurrieron a lo largo de miles de millones de años, lo cual quiere decir que no hubo ningún diseño divino, ningún propósito por el que fuimos creados y ningún Creador que nos amó lo suficiente como para morir por nosotros. En vez de esto, estamos nosotros, solos en esta roca gigantesca que llamamos tierra. La teoría de la evolución nos dice que nacemos para morir sin ninguna eternidad por delante y sin ningún cielo que aguardar. Esta filosofía, naturalmente, eleva el placer a la mayor meta a tener en la vida sobre este planeta olvidado de la mano de Dios. "Come, bebe y alégrate, porque mañana moriremos" es el lema del darwinismo. Al enfocar la vida desde este punto de vista, no es difícil entender por qué nuestro instinto materno ha sido degradado. Estemos o no de acuerdo con Darwin no es tan importante como el hecho de entender que sus teorías científicas nos han llevado a una mentalidad cultural que se ha convertido en algo destructivo para la dignidad humana y que nos está llevando a la desaparición de la vida humana.

Pero el cambio cultural final y, tal vez, más destructivo que la evolución ha traído consigo a nuestra sociedad moderna es un punto de vista sobre la realidad unidimensional. El darwinismo busca explicar toda la creación a través del mundo material ignorando el alma del hombre y negando completamente la existencia de la esfera espiritual. Darwin y sus seguidores pasan por alto el hecho de que, desde el comienzo de la historia humana conocida, en cada continente y entre las personas que forman cada grupo, los hombres han afirmado que han sido testigo de milagros, cientos de miles de milagros y manifestaciones que desafían toda lógica, razonamiento y explicación material.

Yo he sido testigo de cientos de milagros. Por ejemplo, he visto tumores, que eran del tamaño de pelotas de béisbol, desaparecer bajo las manos de aquéllos que estaban orando por la persona afligida. Ví a un niño pequeño, nacido con deformación en los pies, cómo fue sanado y empezó a correr por primera vez en su vida en una reunión de milagros. Estaba ahí cuando una mujer, que había perdido la rótula y cuya pierna la habían soldado de manera que se había quedado tiesa después de un accidente de coche, recibir una restauración total. Su rótula y articulación se volvieron a formar mientras una señora mayor de nuestro equipo de ministerio oraba por ella a unos 10 metros de distancia. Si sólo uno de estos milagros es real, entonces la ciencia y el darwinismo tienen un desafío diferente al que enfrentarse. Si algo puede desafiar las leyes de la naturaleza, ¿no sería razonable concluir que la creación misma podría haberse formado desde otra dimensión?

La Biblia dice que la esfera espiritual va más allá de la esfera material y se puede ver más claramente en la manifestación de los milagros porque un milagro es, por definición, cualquier cosa que opera fuera de las leyes de la naturaleza. Aunque el mundo espiritual no es visible con un telescopio o con un microscopio, los efectos del mundo espiritual pueden ser discernidos y observados en el mundo material. Jesús lo dijo de esta manera: "El viento sopla por donde quiere, y lo oyes silbar, aunque ignoras de dónde viene y a dónde va. Lo mismo pasa con todo el que nace del Espíritu" (Juan 3:8). El mundo espiritual tiene un ecosistema altamente desarrollado: a pesar de ser diferente del mundo visible, sigue siendo muy prevalente. Lo que denominamos milagros en este mundo son, en realidad, realidades espirituales que se manifiestan en el mundo natural. *Los milagros son, sencillamente, los resultados observables de un reino superior que se superpone sobre un territorio inferior, un sistema ecológico más altamente desarrollado que penetra en una realidad menor.*

¿Cómo afectan mis decisiones a mi vida interior?

Si los milagros verdaderamente ocurren en este mundo, entonces Dios debe ser real y no un mero icono religioso al que la gente adora para acallar sus conciencias. No solamente existen Dios y el mundo espiritual, sino que nuestras acciones, actitudes y decisiones en este mundo determinan cómo el reino superior, aunque invisible, nos afecta. Cuando cooperamos con las leyes del Espíritu, la gente es sanada y viven vidas felices. Pero cuando violamos las leyes sobrenaturales del Espíritu, sembramos desastre en nuestras vidas hasta tal punto en el que no se puede arreglar con una aspirina o con una cita con el médico.

El aborto es una violación de las leyes sobrenaturales del Espíritu. Cuando tomas la vida de un niño aún por nacer, invitas a que entre en tu corazón todo tipo de devastación que no se va a poder explicar con palabras necesariamente, pero que va a ser experimentada de manera real. A menudo esto desemboca en síntomas como enfermedad, depresión, fatiga y todo un ejército de otras condiciones negativas que son señales de la tormenta espiritual que llevas dentro. Si no me crees, investiga un poco en las condiciones en las que se hayan las mujeres después de haber abortado. Prepárate, porque lo que vas a aprender tal vez te sorprenda. Vas a preguntarte por qué no te dijeron esto en la clínica de abortar. Pero, recuerda, te he avisado de que el aborto es un gran negocio. Es como vender coches. La clínica sólo saca dinero si te convence de que abortes, no por quitarte la idea de la cabeza.

Preparándose para construir

La siguiente historia es un relato verídico de una mujer que conozco que sucumbió ante el plan de marketing abortista. Jeanine era la típica chica que se crió en una familia media estadounidense. Su padre era un hombre enfadado cuyo abuso verbal e intimidación creaba una atmósfera en el hogar de inestabilidad y temor. Demandaba la perfección de manera irracional y nada de lo que ella hiciera era lo suficientemente bueno. Esta tensión hizo que Jeanine viviera con mucha ansiedad y, como consecuencia, nunca se sintió unida a su padre. Esto, por supuesto, la hizo anhelar afirmación masculina y aceptación. El vacío en su alma la dirigió a la búsqueda del amor y la atención en los hombres jóvenes con los que salía. Sus novios parecían ser refugios para las tormentas de la vida, paraísos seguros de amor y paz.

Pero la intensa necesidad de Jeanine por obtener amor la hizo que desarrollara relaciones poco saludables con ellos. Al poco tiempo se convirtió en una esclava de los hombres con los que salía en su lucha por llenar el vacío creado por su padre. Tenía un temor tal a ser rechazada por ellos que les permitía que violasen sus límites y destrozasen su pureza. El resultado de esto fue un embarazo cuando tenía 17 años. Su novio no quería el bebé y su presencia amenazaba con sabotear su relación con él. La presionó para que se "deshiciese de ello". Embarazada de doce semanas, aterrada, temiendo el rechazo, Jeanine fue a la oficina local de Planificación Familiar en busca de consejo. Fue ahí dónde le dijeron que el feto que llevaba dentro era un simple "amasijo de células" y que "el procedimiento para deshacerse de eso llevaría unos pocos minutos". Soltera, llena de ansiedad y sola decidió que llevasen a cabo el "procedimiento".

Jeanine estuvo despierta durante toda la intervención. Fue aterrador oír y sentir cómo quitaba el doctor el feto de la matriz. Estaba sobrecogida por el dolor cuando se fue de la clínica. *¿Ese feto era realmente un amasijo o era más bien un bebé?* se preguntó. Luchó para reafirmarse en que había hecho lo correcto, pero la violencia del tubo del aspirador que metieron en su abdomen y el sonido que hacía cuando había chupado los trozos del feto la perseguían. Sin embargo, tenía que agradar a su hombre y salvar la relación. Tristemente, unos pocos meses después, su novio se había ido. El dolor y la culpa se convirtieron en sus amos. Se aborrecía por lo que había hecho y se volvió bulímica.

Sintiéndose miserable, abatida y descorazonada, Jeanine luchaba por encontrar paz para su alma. Cada nuevo novio se convertía en una falsa esperanza de felicidad, otra expectativa de amor incumplida. Durante los siguientes diez años, se quedó embarazada cuatro veces más de tres hombres diferentes. Le puso fin a cada embarazo mediante un aborto para poder preservar la relación y, sin embargo, cada uno de estos hombres acababa dejándola. En su último aborto, Jeanine finalmente fue testigo de la naturaleza del procedimiento al que se estaba sometiendo. La imagen la perseguía, contribuyendo a su sentimiento de culpa y de odio hacia sí misma. Su vida se convirtió en una prisión interior; la culpabilidad, la vergüenza y el odio hacia sí misma eran las barras de su celda y la desesperanza era el cruel guarda. Su instinto maternal se evaporó con la culpabilidad y pronto se sintió completamente indigna de ser madre. Después de todo ¿cómo podría permitirse el amor de su propio hijo? La vergüenza y el remordimiento hicieron que Jeanine se castigase. De manera inconsciente invitaba a los hombres a que formasen parte de su vida para que abusasen de ella a modo de redención pervertida. Aunque odiaba el abuso, le daba un sentimiento de justicia por las cosas que había hecho mal. "Después de todo", razonaba, "me merezco ser condenada por lo que les he hecho a mis hijos".

Gracias a Dios, su historia no termina ahí. Después de más de diez años, cinco abortos y varias relaciones sexuales, Jeanine llegó a un punto de desesperación. Se vio inspirada por un rayo de esperanza cuando su madre la animó a que asistiera a una iglesia que "creía en la Biblia". Al día siguiente, le llegó una postal que la invitaba a una congregación local. Fue ahí, con 30 años, cuando se encontró con la fuente de esperanza y la puerta de la libertad. El predicador compartió un mensaje sencillo sobre la redención que hay en Jesucristo, y esa tarde le entregó su vida a Él en una oración de perdón y rendición. En la época que siguió, Jeanine aprendió que el secreto de la salud y la paz se encuentran en la entrega a Jesús. Él era el Único que tenía el poder para liberarla de su antigua vida y darle un nuevo comienzo.

Durante los siguientes años, Jeanine experimentó el proceso de la restauración. Un día, en la iglesia, salió para que se orase por ella y fue liberada de manera milagrosa de la bulimia. A partir de ahí, se unió a un grupo de mujeres que se estaba recuperando del síndrome post-aborto a través de un programa llamado PACE (Post-Abortion Counseling and Education[5]). Este programa se convirtió en el catalizador que el Señor utilizó para completar su sanidad. Un año después, Jeanine recibió al Señor y encontró el hombre de sus sueños. Se conocieron en la iglesia, cada uno en vías de restauración de sus propias vidas. Ya han estado casados durante más de 14 años. Tienen dos hijos maravillosos y la vida, por fin, está llena de alegría y risa. La redención de Dios también ha tocado al padre de Jeanine con el resultado de su restauración en Cristo.

¿Te acecha alguien?

Hay otra razón importante por la que Jeanine y tantas otras mujeres estadounidenses se han visto robadas de su instinto maternal. Para algunas personas puede resultar algo difícil de entender, pero ahí va. Te dije que el mundo del espíritu es real y que tiene una relación que va más allá del mundo visible. Bueno, la verdad es que la esfera espiritual no consiste solamente en la realidad superior del Reino de Dios que se ve expresada a través de lo milagroso. Hay también una dimensión en el mundo espiritual que se expresa, como acabo de describir, por medio de la destrucción. Dentro de este reino de destrucción hay un asesino en serie que golpea con mayor intensidad en ciertas épocas épicas de la historia. De hecho, no es solo un mero asesino en serie, sino un asesino de masas que tiene un historial de matar bebés a miles cuando ciertas condiciones están presentes.

Su historial delictivo tiene los visos de una película de terror. La primera vez en la que se cita que atacase en masa fue en los días de Moisés. Los israelitas habían sido esclavizados por el gobierno egipcio y Dios ordenó a un niño llamado Moisés que naciese para poder liberarles de su esclavitud. En el tiempo en el que Moisés había de nacer, este espíritu de asesinato en masa se hizo con el rey de Egipto y le ordenó que todos los niños varones fueran asesinados nada más nacer por las matronas hebreas. Por supuesto, Moisés escapó y 80 años después volvió a Egipto para rescatar a su pueblo. Pero, mientras tanto, muchos miles de bebés murieron.

El *modus operandi* de este espíritu era el mismo que

en este siguiente genocidio. Esta vez, el pueblo de Dios era esclavo del gobierno romano en el mundo natural y habían caído en esclavitud en el mundo espiritual. Una vez más, el pueblo empezó a clamar para que alguien les rescatase y, una vez más, Dios les envió un héroe en la forma de un bebé llamado Jesús. Pero una vez más, este espíritu de asesino en serie incitó al gobierno romano contra el pueblo judío haciendo que el rey Herodes ordenase que todos los niños varones de dos años de edad para abajo fueran asesinados. Los soldados fueron de casa en casa, asesinando a los bebés mientras sus familias eran obligadas a observarlo todo. Algunos dicen que se podía oír a la gente llorando y gimiendo a kilómetros de distancia mientras la sangre corría por los desagües de la ciudad.

Hoy, una vez más, la gente está en esclavitud y está clamando por ser liberada de la esclavitud de la corrupción, de la adicción y de la depresión, y Dios nos está enviando héroes en la forma de niños. Todas las condiciones se han previsto para que este espíritu de asesino en masa sea soltado por nuestro planeta. Ha seguido el mismo patrón de persuadir a los gobiernos para que lancen decretos mientras nuestras familias se echan a un lado y observan cómo su descendencia es inyectada con ácido y aspirada de los vientres de sus madres en pequeños trozos, para acabar deshaciéndose de ello como si fuese basura. Pero la historia se repite una vez más, los héroes están de camino para liberarnos de esta locura y para restaurarnos a nuestra gloria predestinada.

¿Te vas a hallar del lado de los héroes o del de los villanos? Tal vez pienses que decidiste hace mucho tiempo, cuando escogiste abortar. Bueno, déjame que te diga que nunca es demasiado tarde para cambiar y ponerte del lado de Dios. Siempre está listo para perdonar y restaurarte. Pero debes humillarte, admitir que estabas equivocada y cambiar tu manera de pensar acerca de tu punto de vista sobre el aborto, estando de acuerdo con Dios a la hora de valorar la vida humana lo suficiente como para nunca volver a quitar la vida a un bebé. Muchas personas se entristecen por sus acciones, pero no están dispuestas a cambiar su estilo de vida, y, por lo tanto, no reciben la ayuda de Dios.

Sueño

¡Cuidado! Proseguir leyendo este capítulo queda bajo su responsabilidad. El contenido posee material explícito que puede provocar reacción.

El 20 de diciembre de 2006, a las 6.00 de la mañana, tuve un sueño muy sorprendente. En este sueño, estaba sentado al lado de Dios en su trono. Desde el trono podíamos oír gritos procedentes de la tierra. Era el tipo de grito que te pone los pelos de punta, yo sólo lo había oído una vez en mi vida cuando una manada de coyotes rodearon a una joven cierva detrás de mi casa de Weaverville en medio de la noche. Se comieron a la cierva viva mientras gritaba durante varios minutos.

El Padre estaba sentado en Su trono sosteniendo la tierra en Sus manos. Se inclinó como para investigar la procedencia del ruido. Me di cuenta de que el ruido venía de los niños que estaban en las matrices de sus madres. Estaban gritando por socorro a medida que el ácido se los comía durante el aborto. Nuestro Padre empezó a llorar de manera descontrolada, y Sus lágrimas se convirtieron en lluvia que caía sobre la tierra. En el sueño, yo sabía que no estaba lamentándose solamente por los niños sino también por las madres.

Después, con las lágrimas corriéndole por las mejillas, se volvió y me miró profundamente a los ojos. Podía sentir cómo me miraba el alma y podía ver la eternidad en Sus ojos. Me habló con una voz de trueno, "¡Debes escribir este libro!" La escena cambió y, de repente, estaba viendo fotos de bebés abortados en recipientes de plástico en la pantalla de un ordenador. Eran masas repugnantes de partes sangrientas del cuerpo. Podía pinchar para ver cualquiera de los diferentes recipientes y un video de la vida completa del niño, con su destino, empezaba a salir en la pantalla. Me desperté totalmente desolado.

De manera personal

Cuando empecé a escribir este libro, se me aconsejó que no incluyese este capítulo ya que ofendería a muchas personas a las que estaba tratando de alcanzar. Pero cuando estaba a un tercio del proceso, tuve este sueño y supe que tenía que ser fiel a la palabra que el Señor me había dado para compartir. No creo que Dios esté enfadado con la gente que aborta, pero, como Padre amante, se siente terriblemente dolido por aquéllos a los que se les ha dado una oportunidad para vivir, no por elección propia, y están decidiendo que ellos tienen el derecho de quitarle esa oportunidad a otros.

Mi madre se quedó embarazada de mí antes de casarse en 1954. En aquellos días, la sociedad le atribuía mayor vergüenza al sexo prematrimonial que ahora, pero estoy contento de que el aborto era ilegal y de que mi madre me tuviera, aunque fue una situación muy difícil. Tuve una niñez muy difícil porque abusaron de mí tanto física como emocionalmente durante los primeros 17 años de mi vida. Sin embargo, Dios salió a mi encuentro y mi vida ha sido maravillosa. No estarías leyendo este libro si no se me hubiera dado la oportunidad de vivir. El Gran Libro dice que los hijos son tesoro y gozo y una recompensa de Dios (ver el Salmo 127:3). Una mujer una vez me preguntó: "Si Dios me perdonó cuando se lo pedí por haber tenido sexo fuera del matrimonio, ¿por qué me quedé embarazada de todas formas?". Le dije que el hijo que llevaba dentro era una señal de que Dios puede sacar algo hermoso de una mala situación.

Nadie es no deseado

Mujer, no importa cuán difícil se te presente la vida y cuán difícil pienses que será tener el hijo que tal vez estés gestando, todos se merecen una oportunidad. Hacer que tu bebé muera a causa de un error que hayas cometido no va a solucionar tu problema; sólo hará que tus asuntos se compliquen más. Si un tipo te intenta presionar para que abortes, ¡no se merece que vivas con él! Piensa en lo que te está pidiendo que hagas y cómo afectará el resto de la relación. Va a pasarse el resto de la vida haciendo que otras personas paguen por los errores que él ha cometido. ¿Es este tipo de persona una con la que quieres vivir el resto de tu vida?

Se oye mucho sobre los embarazos no deseados en los debates sobre el aborto, pero la realidad en el mundo entero es que no existe tal cosa como un niño no deseado.

No es una desgracia admitir que te equivocaste y luego tomar una buena decisión para arreglarlo. A veces es difícil decirle a la gente que respetas que estás metido en problemas. Pero recuerda, esas personas también cometieron errores. Si te juzgan o rechazan por tus errores, es su problema, no el tuyo. El cielo siempre está dispuesto a ayudarte. Por favor, pide ayuda.

Notas

1. CNN, 14 de diciembre, 2004.
2. Associated Press, 20 de febrero, 2007
3. Nova Science Programming, "Galileo's Battle for the Heavens".
4. Famoso juicio a través de cuyo veredicto se legalizó el aborto en Estados Unidos (Nota de la traductora)
5. Educación y Asesoramiento Postaborto (Nota de la traductora). El libro de ejercicios que utilizó Jeanine se titula *Forgiven and Set Free: A Post-Abortion Bible Study For Women (Perdonada y Libre: Un Estudio Bíblico Para Mujeres Después de Abortar)* por Linda Cochran y Kathy Jones (Grand Rapids, MI: Baker Publishing Group, 1996).

CAPÍTULO 10

GRACIA

Todo empezó tarde, una noche de verano hace años cuando, después de jugar al baloncesto con un grupo de adolescentes en un viejo gimnasio de un municipio cercano, estaba llevando a casa a uno de mis hijos espirituales. Anthony estaba desacostumbradamente callado a medida que conducíamos por la estrecha carretera comarcal que bordea los Trinity Alps. Me daba cuenta de que algo le estaba molestando, pero decidí dejarle solo. Le conocía lo bastante como para saber que me pediría ayuda cuando estuviese listo.

Por fin, después de varios minutos, me miró y me soltó: "¿Me enamoraré alguna vez de alguien?". Con la cabeza baja y tragándose las lágrimas, continuó: "Todos mis amigos están saliendo con chicas… todos parecen estar locos por las chicas. Me encantan las chicas, pero nunca me he enamorado de ninguna. ¿Soy raro?".

"No", le respondí. "El amor nos llega a todos, y a ti también te llegará. Cuando estés listo, la mujer correcta entrará en tu vida. Ahora solo tienes 16 años con toda la vida por delante. Ten paciencia contigo mismo. Verás. Un día, de repente, aparecerá una mujer que te dejará estupefacto. No te preocupes."

Asintió para manifestar que estaba de acuerdo, pero no parecía estar totalmente convencido. Cuando al final llegamos a su casa, Anthony salió del camión y entró rápidamente. Al meditar en nuestra conversación y recordar mis propias luchas con el amor cuando era joven, un trozo de mi corazón entró con él. En los días posteriores, parecía estar retraído, meditabundo y un poco preocupado. Cuando intenté volver a sacar el tema, no parecía abrirse para hablar de ello. Los días se convirtieron en meses y el verano dio paso al otoño y, finalmente, el invierno nos cayó encima.

Entonces, una noche el silencio se vio quebrantado por el sonido de unos nudillos en nuestra puerta de entrada. El ruido me despertó de un profundo sueño. Dándome la vuelta, miré al reloj y vi que era la una de la mañana. Me levanté y me abrí camino a través de la oscura sala de estar para llegar a la puerta delantera.

"¿Quién es?", dije en voz baja.

Una voz susurró, "Kris, ¿qué estás haciendo?".

Reconocí la voz de Anthony. "¿Pero qué crees que estoy haciendo, Anthony? Estoy durmiendo."

"¿Puedo entrar?", rogó. "¡La he conocido esta noche!"

"¿De qué narices estás hablando, Anthony? ¿A quién has conocido?", le pregunté medio dormido todavía.

"He conocido a la mujer de mis sueños", me dijo levantando la voz más allá del susurro y hablando emocionadamente.

Todavía grogui, abrí la puerta y fuimos a la sala de estar, que estaba helada. Me senté temblando. "Está bien, dímelo otra vez… ¿de qué estás hablando?", le pregunté de manera que mi tono dejaba entrever que estaba un poquito tirante por haber sido sacado de mi sueño y de una cálida cama.

"¿Recuerdas que hace unos meses me dijiste que algún día conocería a la mujer correcta y que me enamoraría? Bueno, ¡acabo de conocer a la mujer de mis sueños! Es preciosa, se llama Gracia. Estoy impaciente porque la conozcas. Te va a encantar. Es increíble". Anthony casi no respiraba al relatar todos los detalles.

Estaba a punto de empezar a regocijarme con él cuando siguió diciendo: "Su madre es drogadicta y su padre abandonó a la familia cuando ella era muy pequeña. Acaba de empezar a seguir a Jesús".

Horror, pensé. *¿Por qué no se ha podido enamorar de una simpática chica de una gran familia?* Intenté camuflar mi preocupación. "¡Vaya! Parece que es toda una chica. Tengo ganas de conocerla".

Aparentemente ignorando cualquier falta de convicción por mi parte, dijo de manera entusiasta: "¡Te la traeré mañana!".

Al día siguiente, Anthony iba flotando como si estuviera en un sueño. No puedo recordar haberle visto tan feliz nunca. Esa tarde trajo a Gracia a nuestra casa para que nos conociera. Era guapísima. Tenía una larga melena rubia que le flotaba graciosamente alrededor de su precioso rostro, sus ojos chispeaban llenos de vida, su sonrisa hizo que brillase la habitación y tenía un gran tipo, alta y delgada. Era cálida y amable y nos hizo sentir como si la conociésemos desde siempre. Se movía como si fuera una joven princesa. Kathy y yo nos vimos cautivados por su amabilidad. Mis temores e ideas preconcebidas sobre Gracia parecían evaporarse en su presencia.

En los días que siguieron, Gracia empezó a amar estar con nuestra familia y venía a casa a menudo.

Entonces, una tarde, recibimos una llamada telefónica que cambiaría nuestras vidas para siempre. Una voz femenina lloraba descontroladamente al otro lado del aparato. Después de unos segundos, reconocí a Gracia. Preguntaba si podría venir y reunirse con Kathy y conmigo a solas. Media hora después, estábamos sentados en el sofá de nuestra sala de estar mientras Gracia, a través de las lágrimas, nos contaba su historia.

"¡No me puedo casar con Anthony!"

"¿Por qué?", pregunté sorprendido.

"Porque él es virgen y se ha guardado para el matrimonio", dijo, agachando su cabeza con vergüenza, "he dormido con muchos hombres. Desde que era una niña pequeña, veía cómo mi madre tenía sexo con hombres en el suelo de nuestra sala de estar e intercambiaba drogas. Cuando tenía 12 años, mi mamá me trajo alcohol y me envió a la habitación para acostarme por primera vez con un joven". En este punto, Gracia estaba gimiendo violentamente. "Al día siguiente, mi mamá empezó a llamarme pendón y ramera", continuó.

A medida que Gracia siguió describiendo su anterior manera de vivir, no podía evitar pensar en las chicas que conocí en la secundaria que tenían reputación de ser las prostitutas de la escuela. Esas jóvenes no habían tenido límites sexuales. Dormían con cualquiera que quisiera y nadie las respetaba. Aunque sentía gran compasión por Gracia, me encontré luchando contra el pánico al intentar imaginarme a Anthony siguiendo adelante en la relación con esta joven.

Anthony había hecho un pacto con el Señor cuando tenía 13 años para guardarse para la mujer de sus sueños.

Insistió en llevar puesto el anillo de pureza en el dedo de casado para recordar su compromiso y hasta hizo un voto de no quitarse el anillo hasta la noche de la luna de miel. Se lo había tomado tan en serio que le pidió a su entrenador que le diera un permiso especial para llevar su anillo de pureza aún cuando estuviera jugando. Sin embargo, su compromiso con la pureza ya había atravesado el fuego de la prueba. Durante casi un año, luchó una intensa batalla contra la pornografía que, finalmente, resultó en victoria. Me acuerdo de que todos los días que solíamos hablar acerca de la batalla que estaba teniendo con la vergüenza y la culpa al pelear contra el monstruo de la lascivia. Celebrábamos sus victorias y nos dolíamos en las batallas que perdía. El conflicto de Anthony era un asunto familiar porque nos habíamos comprometido a que, cuando fuera tentado, Kathy y yo lucharíamos por él, animándole a no rendirse sino a seguir adelante hasta la conquista.

El pensamiento de que Anthony, después de todo lo que había luchado, se estaba enamorando de una mujer que estaba aprendiendo qué era la pureza, me daba algo de miedo. Me preguntaba por qué le estaba ocurriendo esto, ¿verdaderamente estaba esta relación en el corazón de Dios o no? ¿sería otra prueba que podía pasar?

Kathy y yo seguimos abrazando y consolando a Gracia, que seguía llorando. La desesperanza parecía llenar la atmósfera a medida que el sentimiento combinado de la carga por esta chica y el dolor por Anthony me sobrecogía.

Finalmente rompí el silencio. "Vamos a orar por ti, Gracia." Todos inclinamos nuestras cabezas y empecé a orar en voz alta por ella. De repente, un pensamiento me vino a la cabeza, una idea que parecía haber sido enviada desde otra esfera. Me sorprendió, pero un rayo de esperanza acompañaba este pensamiento. Dejé de orar y cogí la cara de Gracia con mis manos. Le dije: "Gracia, voy a orar para que tu virginidad te sea restaurada".

Se quedó de piedra; sus ojos me miraron fijamente con absoluta incredulidad.

Repetí la proclamación una vez más, pero esta vez con más convicción. "Gracia, vamos a orar por ti y Dios va a restaurar tu virginidad."

"Está bien", dijo.

Con toda la confianza de la que pude hacer acopio, oré: "Dios te perdona, Gracia, porque has confesado tu pecado. Y ahora mismo en el nombre de Jesús, Él restaura tu virginidad y tu pureza".

No oímos a los ángeles cantar ese día. Nadie escribió "Estás perdonada" de manera sobrenatural en la pared y no hubo visiones de Jesús en la cruz por ella. Pero, al levantarnos para abrazarnos, una paz sorprendente nos llenó a todos. Sabíamos que algo había ocurrido.

"Ahora tienes algo por lo que luchar", le dije, exhortándola.

"Sí", respondió con cierto brillo en sus ojos y una sonrisa en su cara.

Cuando Gracia se fue de casa, Kathy y yo dimos un suspiro. Sabíamos que Dios había hecho un milagro en ella, pero pasaría más de un año antes de que la plena revelación del impacto de esa oración se notara.

Al poco de este incidente, Anthony y Gracia se comprometieron para casarse. El noviazgo resultó ser un gran desafío para los dos. Después de todo, es muy normal querer tener sexo con la persona que amas y con la que estás planeando pasar el resto de tu vida. Sin embargo, como creyentes, también compartían la convicción de que el sexo es la consumación de lo que debe venir después de hacer un pacto de matrimonio delante de Dios y de los hombres. O sea que, muy al principio, desarrollaron un plan para mantener la pureza y nos pidieron a Kathy y a mí que si les podíamos hacer responsables de llevarlo a cabo. Les dijimos que así lo haríamos, pero con la condición de que ellos se tomarían más en serio el guardar su virginidad que nosotros el vigilar que la guardasen. Estuvieron de acuerdo y empezamos con el plan.

Teníamos una frase clave que usábamos para preguntarles sin avergonzarles. Cuando Kathy o yo les preguntábamos, "¿Qué tal les va juntos?", sabían que lo que verdaderamente quería decir era, "¿Cómo va ese impulso sexual?" Si respondían, "Genial", entonces sabíamos que estaban ganando la batalla. Pero si decían, "Bien" quería decir que necesitaban nuestra ayuda.

Durante un tiempo todo fue bien. Claramente estaban haciendo todo lo posible para mantener su parte del acuerdo, y podíamos ver que particularmente a Gracia le encantaba el nuevo sentimiento de estar limpia y pura. Entonces una noche algo ocurrió. Alrededor de media noche, llamaron a la puerta. Abrí y vi a Anthony de pie en la oscuridad.

"¿Qué pasa, Anthony?" Se tiró a mis brazos y pude darme cuenta de que había estado llorando durante bastante tiempo porque estaba mojado de las lágrimas. Ahora lloraba descontroladamente mientras intentaba consolarle.

"¿Qué pasa, Anthony? ¿Qué va mal?" le volví a preguntar.

"¡He tocado a Gracia! Toqué su pecho y me siento fatal por haberlo hecho."

Le miré a los ojos, para ver si entendía el significado de su confesión. "Anthony, has tocado a la hija del Rey. Dios te confió a su hija y la has violado. Estoy tan desilusionado."

"Lo sé, y me siento muy mal por haber fracasado", me dijo.

"Bueno, ¿qué vas a hacer para solucionar tu metedura de pata?" Le pregunté, enfatizando el hecho de que era su responsabilidad el proteger tanto a Gracia como a él mismo.

"No estoy seguro todavía, pero supongo que nuestro plan de pureza no está funcionando", me respondió.

"¿Eso crees?"

A la mañana siguiente, Anthony y Gracia vinieron a nuestra casa y hablamos durante un tiempo. Se perdonaron el uno al otro y desarrollaron un nuevo plan para asegurar la batalla. Esta vez su plan funcionó sin fallo alguno. Se casaron un año más tarde con su pureza intacta.

Anthony había llevado puesto su anillo de pureza durante varios años antes de que llegara el momento de su boda, pero, un día, una semana antes de casarse, se rompió en pedazos y se cayó. Lo tomaron como una poderosa señal de que habían terminado la carrera bien.

Su boda fue impresionante, y cuando terminó, los novios fueron llevados en limosina a su luna de miel. Estábamos tan contentos y emocionados por ellos. Un par de días más tarde sonó el teléfono.

Cogí el teléfono, "¿Hola?"

"Hola, Kris", dijo la voz al otro lado.

"Gracia, ¿eres tú?", pregunté con nerviosismo.

"Sí".

"¿Qué narices haces llamándome en tu luna de miel? ¿Pasa algo? ¿Está yendo todo bien?"

"¡Todo va maravillosamente! Quería llamarte para contarte algo. ¿Te acuerdas cuando tú y Kathy oraron por mí? Le pidieron a Dios que me diera un nuevo comienzo y que restaurara mi virginidad."

"Por supuesto, nunca olvidaré eso", le respondí.

"Bueno, ¡Dios restauró mi hímen!", me dijo emocionada.

Esta señal hizo que toda mi familia se maravillara. Estábamos sorprendidos. Ya habíamos visto el poder de la redención en la relación de Anthony y Gracia y creíamos que Dios había bendecido su unión y les había honrado por haberle honrado a Él en sus vidas. Pero su luna de miel cambió nuestras vidas tanto como las suyas porque todos nos dimos cuenta de cuánto le importa a Dios nuestra pureza y cómo es capaz de restaurarla plenamente cuando se ha perdido.

Arreglar tus meteduras de pata

La historia que acabas de leer es verdad, solo se han cambiado los nombres. Queríamos contar su historia para inspirar esperanza en las personas que han tenido vidas rotas y necesitan un milagro. Decidimos, sin embargo, que contar todos los detalles escabrosos de sus encuentros sexuales con muchos hombres no era realmente necesario. Todos conocemos personas como ella y no se necesitaría demasiada imaginación para rellenar los espacios en blanco.

Hemos visto cómo Dios ha duplicado este milagro de restauración en las vidas de muchas mujeres más y sabemos que haría lo mismo por ti. Nunca puedes caer tan bajo que no puedas ser restaurado. Hayas vivido una vida como la de Gracia o hayas fracasado a la hora de guardar tu propio estándar, debes entender cómo arreglar tus meteduras de pata para después volver al Camino de Santidad. Antes te conté que hay una nueva vida que tienes a tu disposición sencillamente si te arrepientes y pides a Jesús que te perdone. Lo que debes saber acerca del perdón es que éste restaura el estándar en nuestras vidas.

El perdón restaura el estándar

Aprendí esta lección hace años, cuando mis hijos eran adolescentes. Me enfadé con Kathy y la traté irrespetuosamente delante de ellos. Una hora más tarde, le pedí perdón y me perdonó. Pero cuando me fui a la cama esa noche, de repente me di cuenta de que había sido irrespetuoso con Kathy delante de mis hijos adolescentes. La cuestión es que necesitaba pedirles perdón por haber sido un mal ejemplo de esposo, pues si no lo hacía crecerían creyendo que mi comportamiento había estado bien. Al día siguiente, reuní a mis hijos en la sala de estar y le pedí a Kathy y a cada uno de mis hijos que me perdonase.

"Está bien, papá", dijo cada uno, un poco molestos de que estuviese haciendo algo tan grande de un asunto tan pequeño. "Te perdonamos. ¿Nos podemos ir ya?", volvieron a preguntar.

"Está bien". Yo estaba tan contento como ellos de haberme quitado esto de encima.

Una semana más tarde, uno de nuestros chicos entró en la cocina y empezó a ser sarcástico con Kathy. Entré en la cocina y le dije, "No tienes permiso para hablarle así a mi esposa".

"Tú fuiste descortés con mamá el otro día", me dijo.

"Sí", continué, "pero me perdonaste. El perdón restaura el estándar. Cuando me perdonaste, declinaste tu derecho de actuar de la misma manera en la que lo había hecho yo porque tu perdón me restauró a un lugar de honor. Me arrepentí. El arrepentimiento quiere decir que uno es restaurado al pináculo, al lugar alto".

"Lo siento, mamá. No debería haberte hablado de esa manera", dijo humildemente.

"Te perdono, hijo", dijo ella abrazándole.

Si no entendemos este principio entonces el punto más bajo, el error más gordo o la cosa más tonta que hayamos hecho en la vida se convierte en nuestro modelo. Por ejemplo, si fuimos inmorales cuando éramos adolescentes, no tendremos confianza para corregirles por sus malas decisiones sexuales porque nosotros mismo caímos. Los fracasos de los que nos hemos arrepentido ya no son el estándar ante el que nos debemos inclinar. Cuando pedimos a Dios y a los que herimos que nos perdonasen, volvimos a situarnos en el lugar alto que Dios nos asignó. La verdad es que el perdón restaura el estándar de santidad dentro de nosotros y a través nuestro.

Cuando te arrepientes, tienes permiso para vivir feliz y comer perdices. Ese es el don de Dios para ti. Se le llama misericordia y gracia. La misericordia quiere decir que no recibes el castigo que te mereces, pero la gracia quiere decir que recibes la bendición que no te ganaste. Todo esto fue pagado por Jesús cuando murió en la cruz. Jesús no murió por ti sin más; Él murió en tu lugar. Puedes vivir como si nunca hubieras fracasado.

Hace varios años, estaba enseñando este principio en una base de Juventud con una Misión cuando, de repente, una hermosísima mujer joven se levantó y gritó, "¡Estás equivocado!" Y se quedó levantada llorando en voz alta.

"¿Qué quieres decir con que estoy 'equivocado'?" Le pregunté.

"Tengo una enfermedad venérea porque me he acostado con muchos hombres antes de empezar a seguir a Jesús", me dijo a través de sus lágrimas. "¿Cómo puedo vivir felizmente después de eso? ¿Quién me va a querer ahora?"

"Cuando pediste perdón, recibiste el derecho de ser sanada de todas tus enfermedades", le dije desafiante.

"No merezco ser sanada porque cuando estaba viviendo de manera inmoral sabía que mi estilo de vida era erróneo, pero lo seguía haciendo", me dijo con un tono de voz muy hosco.

"Jesús no murió por tus errores, Él murió por tus pecados", le discutí. "El pecado quiere decir que lo hiciste a propósito. No puedes pecar por accidente porque el pecado siempre involucra al corazón. Los accidentes no son asuntos del corazón porque un accidente no es algo que intentaste hacer a propósito. Así que los accidentes no tienen que ser perdonados por Dios, sólo las cosas que hiciste a propósito necesitan el perdón de Dios. Es más, el profeta Isaías dijo que Jesús fue crucificado por nuestros pecados pero que fue golpeado por nuestra sanidad (ver

Isaías 53:5). Así que Jesús pagó el precio por nosotros para que pudiéramos ser perdonados y sanados. ¿Por qué no te haces con todo lo que Él pagó por ti?" proseguí. "Y, por cierto, ninguno nos merecemos nada de Dios. Pero no obtenemos lo que nos merecemos. Obtenemos lo que Él se merece".

Después de debatir durante un rato, finalmente dejó que Dios la sanase ¡Él es tan sorprendente!

La condenación y la convicción

Cuando metemos la pata, es normal y saludable que nos sintamos mal por lo que hemos hecho hasta que nos arrepintamos y pidamos perdón. Hay dos razones diferentes por las que tenemos ese sentimiento de remordimiento a causa de nuestro pecado; la una es saludable y la otra destructiva. El sentimiento destructivo de remordimiento es conocido como condenación. La condenación iguala tus malas acciones a tu persona. La condenación dice, "Has mentido, por lo que debes ser un mentiroso. Te has acostado con alguien, por lo que debes ser una prostituta. Te emborrachaste, por lo que eres un alcohólico". La meta de la condenación es convencerte de que tus malas acciones provienen de tu naturaleza. La condenación viene de satanás y de sus secuaces. A él se le llama el acusador de los hermanos (ver Apocalipsis 12:10). Una vez que te convence que tu identidad está en tu comportamiento, entonces te puede dejar solo porque siempre actuarás como quien *piensas* que eres. Es importante entender que eres un *ser* humano antes de ser un *actor* humano. Por lo tanto, si crees que eres un alcohólico, necesitarás 12 pasos de disciplina y un equipo de personas a tu alrededor que te hagan responsable de tu comportamiento para que no actúes de acuerdo con tu falsa identidad.

Por otra parte, hay un sentimiento saludable de remordimiento que se llama *convicción*. La convicción viene de Dios. La diferencia entre la condenación y la convicción es que la condenación dice, "Has pecado por lo tanto debes ser un pecador". Pero la convicción dice, "Eres demasiado maravilloso como para que actúes así". La convicción separa tus malas acciones de tu persona y te recuerda que eres mejor de lo que tu comportamiento demuestra. Se puede saber bajo qué estás porque la condenación hace que te sientas mal por haber hecho el mal, pero también te hace sentir incapaz de cambiar. La convicción te proporciona la gracia para cambiar y te llena con esperanza de que las cosas serán diferentes en el momento en el que te arrepientas.

¡Aléjate de la condenación! Destruirá tu vida. La condenación está arraigada en la culpa, la vergüenza y el castigo. Dios no culpabiliza, avergüenza ni castiga. Jesús murió por nuestros pecados para que Él nos pudiera liberar del poder del diablo, que es la culpa, la vergüenza, el castigo, la depresión, la fatiga, la enfermedad, la muerte y demás.

No hay nada que puedas hacer que te mantenga alejado del amor de Dios y de su perdón. No hay vida que sea lo suficientemente oscura, ni pecado tan impresionante, ni actitud tan mala, ni sexo tan pervertido, ni relación tan repugnante, ni hoyo tan profundo, ni enfermedad tan temible que no pueda ser redimido por Dios. ¡Se especializa en lo *imposible*! *Es hora de que empieces a soñar de nuevo.*

SOBRE EL AUTOR

KRIS VALLOTTON

Kris Vallotton es el autor de varios libros que incluyen el éxito de ventas, *De príncipe a mendigo*, y es un conferenciante internacional muy solicitado.

Kris es el pastor principal asociado de la Iglesia de Bethel en Redding, California, y ha formado parte del equipo de Bill Johnson durante 32 años. En 1998, Kris se convirtió en el cofundador de la Escuela del Ministerio Sobrenatural de Bethel (*Bethel School of Supernatural Ministry*) que tiene más de 1,300 estudiantes a tiempo completo.

Kris también es el fundador y presidente de Revolución moral. Esta organización sin ánimo de lucro está dedicada a ser un catalizador para otra revolución sexual que transforme la manera en la que el mundo ve la sexualidad, define al nonato y abraza a la familia.

Kris fue pastor de jóvenes durante 15 años y desarrolló un programa de restauración para delincuentes juveniles en el Condado de Trinity. Este programa tocó a cientos de jóvenes durante más de cinco años. Durante esos años, la comunidad otorgó a Kris dos premios por su trabajo entre los jóvenes.

Él y su esposa, Kathy, llevan 35 años de feliz matrimonio. Han criado cuatro hijos y tienen ocho nietos.

Para más información, visite www.moralrevolution.com.

SOBRE EL AUTOR

JASON VALLOTTON

En 2004 Jason Vallotton fue instituído como pastor asociado de la Iglesia de Bethel en Redding, California. Ahora es uno de los supervisores senior de la Escuela de Ministerio Sobrenatural de Bethel que cuenta con una plantilla de más de 40 personas y unos 1,300 estudiantes a tiempo completo.

También es uno de los directores fundadores y miembros del consejo de dirección de Revolución moral, Inc., una organización sin ánimo de lucro dedicada a ser un catalizador para otra revolución sexual que transforme la manera en la que el mundo ve la sexualidad, define al no nacido y abraza a la familia.

Jason es el codirector del ministerio encargado de la pureza varonil que equipa a los hombres a liberarse de las ataduras sexuales y a vivir una vida sana. Su pasión es la restauración de la pureza sexual y es un aclamado conferenciante sobre temas morales.

Es el padre de tres hijos maravillosos: Elijah, Rilie y Evan.

Para más información, visite www.moralrevolution.com.

LIBROS ESCRITOS POR
KRIS VALLOTTON

Curso Básico para el Ministerio Profético
Curso Básico para "De mendigo a príncipe"
Desarrollando un estilo de vida sobrenatural
Pureza—La nueva revolución moral
De mendigo a príncipe